인문학자들의 헐렁한 수다

인문학, 경주를 이야기하다

┃ 지역인문학시리즈 · 경주편 ┃

인문학자들의 헐렁한 수다

인문학, 경주를 이야기하다

강미경 권은주 김건우 김임미 김재웅 남철호
류동일 서명욱 유명자 이미영 지현배 하수정

한국문화사

오래되어 새로운 경주를 노래하다

대구경북인문학협동조합의 조합원들이 함께 모여 『인문학자들의 헐렁한 수다』 다섯 번째 책을 출간합니다. 올해는 '경주편'입니다. 이 <지역인문학 시리즈>는 조합원들의 글과 펀딩으로 이루어진 협업 프로젝트라는 점에서 큰 의미가 있습니다. 더욱이 1년 넘게 계속되고 있는 코로나 팬데믹으로 협동조합의 대내·외 사업이 활발하지 못한 상황에서 출간된 것이기에 더욱 의미가 크다고 하겠습니다. 필자들에게는 기획부터 출판에 이르기까지 협업의 의미와 가치를 되새기는 계기가 되었습니다.

사실, 이번에 다루는 경주는 성격이 분명한 도시입니다. 경주는 유물, 문화유산, 답사, 불교 등 들려줄 이야깃거리가 그득한 오래된 도시의 상징입니다. 이런 경주에 대해서 이번에는 우리가 들려주는 지금의 이야기로 채워보았습니다. 인기있는 수학 여행지를 되돌아보고 쫄면을 먹고 남산을 거닐고, 고선사지 삼층석탑과 배동 석불과 금장대를 더듬어 기억합니다. 동학의 발상지이자 동리와 목월의 고향임을 되뇌고 영화 콘텐츠로 의미화된 경주를 살펴보기도 합니다.

또 경주의 상징을 8가지 색깔로 나눠보기도 하고 월성과 경주 읍성의 구조를 살펴보기도 하면서 세계인문학포럼 개최지 경주의 잠재된 문화콘텐츠의 가능성을 그려보기도 합니다. 4부로 나뉜 12편의 이야기는 경주를 자세히 듣고 보아서 부르게 된 사랑의 찬가입니다.

천년의 세월로 쌓인 이야기는 그 시간만큼 새로운 이야기의 두께를 만들어냅니다. 이를 다 드러내기에는 제한된 지면이 아쉬울 따름입니다. 독자들께서도 나름의 경주 이야기를 그려보는 기회가 되었으면 합니다.

이 책은 공동의 창작물이자 협동의 생산물입니다. 협동조합에서 발간하는 책이 남다른 것은 그 지향점이 협동의 공동체를 향해 있기 때문입니다. 이 가치를 이루어가는 출판이 계속 이어지기를 희망하면서 또 다른 대구경북 지역의 풍성한 이야기로 찾아뵙겠습니다. 모두 조합원들 덕분입니다.

2021년 2월 15일
여러 필자를 대신하여 김임미가 쓰다

▌차례▐

4부 상상, 경주를 그리다

1부 산책, 경주를 거닐다

그 많던 아이들은 어디에 있을까

김임미

일상과 일상 밖이 그립다

만약에 나라는 사람을 유심히 들여다본다고 하자
그러면 나는 내가 시와는 반역된 생활을 하고 있다는 것을 알 것이다

먼 산정에 서 있는 마음으로 나의 자식과 나의 아내와
그 주위에 놓인 잡스러운 물건들을 본다

그리고
나는 이미 정해진 물체만을 보기로 결심하고 있는데
만약에 또 어느 나의 친구가 와서 나의 꿈을 깨워주고
나의 그릇됨을 꾸짖어주어도 좋다

함부로 흘리는 피가 싫어서
이다지 낡아빠진 생활을 하는 것은 아니리라
먼지 낀 잡초 위에 잠자는 구름이여

고생도 마음대로 할 수 없는 세상에서는
철늦은 거미같이 존재없이 살기도 어려운 일

방 두 칸과 마루 한 칸과 말쑥한 부엌과 애처로운 처를 거느리고
외양만이라도 남들같이 살아간다는 것이 이다지도 쑥스러울 수가 있을까

시를 배반하고 사는 마음이여
자기의 나체를 더듬어보고 살펴볼 수 없는 시인처럼
비참한 사람이 또 있을까
거리에 나와서 집을 보고 집에 앉아서 거리를 그리던
어리석음도 이제는 모두 사라졌나 보다
날아간 제비와 같이

날아간 제비와 같이 자국도 꿈도 없이
어디로인지 알 수 없으나
어디로든 가야 할 반역의 정신

나는 지금 산정에 있다
시를 반역한 죄로
이 메마른 산정에서 오랫동안 꿈도 없이 바라보아야 할 구름
그리고 그 구름의 파수병인 나.

혈기방장한 시절 유행가처럼 옆에 끼고 있던 김수영의 시다. 이
시를 들여다볼 때마다 나는 늘 '여행'을 떠올린다. 목적지 없는 여행
을 명령받은 발목 묶인 나! 이 숙명의 여행에서 자유로운 자가 어디
있을까. 애써 숨겨온 속내를 들켜버린 듯, 이토록 저릿한 갈구를 보고

있자니 메마른 산정을 헤매는 어중간한 나이의 가장이, 아니 올라갈 수도 내려올 수도 없는 우리의 모습이 정수리에 꽂힌다. 내가 아는 한 이 시는 코앞에 버티고 있는 일상과 그 불락의 일상에 대한 끈질긴 초월 욕망의 역학이 가장 극적으로 표현된 시다. 고질이 된 코로나에 지쳐 팍팍한 이때, 이 시를 다시 꺼내어 읽으니 문득, 요사이 우리가 꿈꾸는 것이 일상과 일상 밖 그 모두이구나 싶다. 일상 같은 일상을 누리지 못하니 일상도 판타지가 될 수밖에 없는 요즘, 간절히 일상과 일상 밖으로의 탈출 여행을 함께 꿈꾸어 본다.

사슬에 묶인 구름의 파수병이 반역의 여행을 꿈꾸지 않을 재간이 세상천지에 어디 있겠는가!

씁쓸한 수학여행의 추억

1977년 가을의 어느 날, 수양버들이 늘어선 대구 남구 한 국민학교의 커다란 운동장에 모여 우리는 경주로 떠날 관광버스를 기다리고 있었다. 친구들과 함께 떠나는 수학여행에 한껏 들뜬 마음으로 아이들은 재잘댔고, 양복을 차려입은 선생님들은 연신 아이들에게 열과 오를 맞추라고 소리 지르기에 바빴다. 한 반에 평균 65~67명 정도의 학생이 14반까지 있었던 우리 학교의 6학년 학생 중에는 수학여행을 함께 가지 못한 아이들이 7~8명은 되었던 것으로 기억한다. 대부분이 수학여행 경비를 내지 못한 학생들이었고 간혹 장거리 여행이 마뜩잖은 학생들도 있었다.

그때도, 중·고등학교 때에도 수학여행을 가지 못하는 아이들은 친구들이 수학여행을 떠나는 모습을 창밖으로 보거나 듣거나 하면서 교실에서 수업을 받았던 것 같다. 그때 그 아이들은 무슨 생각을 했을까? 나는 이 번잡함과 소란스러움에 적응하지 못한 채 그저 그 광경을 낯설게 바라보고 있었던 것 같다. 으으 어떡하지... 집에 가면 안될까... 우르르 내몰리고 이리저리 부대끼는 것이 싫었던, 그저 웅크리고만 싶었던 사춘기 소녀 시절이었나 보다. 사람의 기억이란 참으로 묘해서 그때의 그 난감하고 용쓰던 기억은 경주와 수학여행에 대한 기억을 결정짓는 계기가 되었다. 누구에게는 들뜨고 설레는 여행이었을 그 수학여행이 나에게는 별로 기억하고 싶지 않은 그래서 별 추억거리가 생각나지 않는 여행이 되었다.

수학여행은 여행이 귀하던 시절 학습을 위한 교육적 목적에서 근대학교에서 시작되었다고 한다. 우리나라의 경우, 기록상으로는 1901년 황성신문에 '수학여행'이라는 용어가 등장했고, 1902년에는 '수학유람'이라는 용어도 쓰였다고 한다. 일본에서는 1886년부터 수학여행이라는 용어가 쓰였다고 하니 일본에서 수입했다고 추측할 수 있다. 2019년 경기도교육청은 학교와 시·군 교육지원청 등을 대상으로 한 '학교생활 속 일제 잔재 발굴을 위한 조사'를 통해 이 수학여행이라는 용어를 일제 잔재 용어로 제시했다. 경기도교육청은 수학여행이 일본, 만주 등에 조선인 학생들을 보내 민족정신을 해치려는 목적이 있었다고 판단했다.

그 기원과 상관없이 수학여행이 일본 제국의 문화적 식민화 통치술로 기능한 것은 사실이었다. 1899년 경인선의 개통으로 단체 여행과 장거리 여행이 가능해지면서 수학여행 인원이 많게는 800명인 학교도 있었다고 한다. 당시 수학여행은 주로 경성, 평양, 개성, 경주, 수원, 부여, 강화 등 역사유적이 많은 곳과 인천, 진남포, 신의주, 원산 등 공업시설이 많은 곳으로 갔다. 그러다가 1930년대 역사유적지나 근대적 시설 외에도 만주 러일전쟁 전적지와 산업시설, 일본의 근대적 건축물과 신사 유적지 등이 수학 여행지로 선정되었다.

경주는 일제 강점기에도 국내 수학 여행지로 인기였다고 한다. 조선총독부가 1915년 석굴암 보수를 졸속으로 끝내고 경주역과 불국사역이 각각 1918년, 1919년에 노선을 운항하기 시작한 후, 경주는 일제의 문화적 선전도구 역할을 했다. 신라 천년의 수도 경주는 내선일체의 일환으로 일본의 식민지 문화유산으로 귀속되었고, 경주의 문화유산은 일본의 나라(奈良)에 그 뿌리를 둔 것으로 교육되었다. 물론 의도와 정반대로 수학여행은 민족의식 고취의 장이 되기도 했을 것이다. 일제 강점기에 경주에는 학생들의 수학여행을 위한 편의시설, 집단 수용시설, 숙박시설이 갖춰졌고 이러한 시설과 설비는 해방 이후에도 경주를 여전히 인기 있는 수학 여행지로 부각시켰을 것이다. 해방 이후에도 유명 관광지로

서 경주의 위상은 거의 변함이 없었다. 국민 정서 함양 프로젝트가 가동되었고 1971년 경주관광종합개발계획이 수립되면서 1979년 보문단지가 개장되었다. 유적, 문화재, 역사를 탐방하기에 충분한 내용물을 갖춘 경주는 관광·여행지로 안성맞춤이었다.

그러나 그 뒷면에는 최근까지도 언론에 보도되었듯이 관행처럼 이루어지던 수학여행 관련 비리가 존재했다. 초·중·고 수학여행을 둘러싼 교장을 포함한 학교 고위 관계자와 여행업체 간의 뇌물 비리의 피해는 고스란히 학생들의 몫이었다. 학생들은 비용 대비 형편없는 시설, 도저히 먹을 수 없는 식사, 불결한 잠자리 등을 청소년기 수학여행의 추억으로 간직해야 했다. 그런 상황이었던지라 내가 경주에 대해 가졌던 불편한 감정에는 최고의 수학여행지 경주가 우리에게 보여준 푸대접도 한몫했을 것이다. 애초에 여행이 탐탁지 않았던 그때의 나에게는 친구들과 함께 있는 즐거움도 수학 여행지가 제공하는 부실한 대접을 뛰어넘지 못했

불국사 청운교 백운교 우측면에서
기념사진 촬영 (출처: 명덕국민학교 33회
졸업앨범)

불국사 청운교 백운교 좌측면

던 것 같다. 그래서일까, 경주의 모습을 편견 없이 볼 수 있기까지 많은 시간이 걸렸다.

당시 우리 세대 학생들이 주로 다녀온 곳은 불국사의 연화교·칠보교, 청운교·백운교, 대웅전, 다보탑과 석가탑, 국립경주박물관, 첨성대 등이었다. 지금도 마찬가지이지만 경주를 기념하는 방법은 오로지 사진을 찍는 일밖에 없다는 듯이 우리는 반별로, 남녀별로 사진을 찍는 일에 집중해야 했다. 다보탑이 어떻게 생겼는지 구경하는 것보다 다보탑 앞에서 반 순서대로 사진을 찍는 타이밍을 놓치지 않는 것이 더 중요한 일이었다. 남는 것은 사진뿐이라더니 그 말이 틀린 말은 아니었다. 그때 찍은 사진을 보면서 기억을 더듬어내니 말이다. 그런데 한 가지 특이한 것은 내가 지금 기억하는 당시의 감정과 달리 그때의 사진 속의 나는 친구들과 아주 해맑게 웃고 있었다. 내 머릿속에 찍혀 있던 그때의 그 느낌이 거짓말이 아닌지 의심스러울 정도로 사진 속에서 내가 웃고 있다. 기억과 감정이라는 것이 새삼 오묘하다.

다보탑 앞에서 기념사진 촬영　　　경주박물관 앞에서 기념사진 촬영
(출처: 명덕국민학교 33회 졸업앨범)　　(출처: 명덕국민학교 33회 졸업앨범)

다시 찾아온 경주와 청구회 추억

　그 이후 수학여행의 메카 경주는 내가 애써 애정을 아낀 도시가 되었다. 호기심이 동하지 않는 장소가 된 것이다. 그러다가 1988년 대학 선배의 경주 시골집으로 엠티를 가게 되었다. 선배들과의 여행이라 딱 부러지게 의사를 내세우기 곤란하여 내키지 않았지만 경주로 가게 되었다. 그러나 다시 찾은 경주는 이전과는 완전히 달랐다. 그때 초겨울의 고즈넉한 동네 골목길 그 끄트머리쯤에 수줍게 숨어 있던 소박한 작은 집이 아직도 선명하다. 아스라이 퍼지던 군불 때는 냄새와 초겨울의 쌉쌀한 공기 속에 그 골목을 둘러싼 이른 저녁의 희끄무레한 색감도 여전히 머릿속에 남아있다. 그렇게 우리 7명은 함께 경주 속을 걸었고 그러면서 나는 경주를 느껴 볼 기회를 얻게 되었다.

　고즈넉한 건물 지붕 너머의 하늘, 동네의 쭉 뻗은 소나무와 대나무, 길섶의 들꽃, 건너편 집의 수탉 소리 등등. 어린 시절의 행복했던 기억이 따뜻한 햇살과 맛난 음식으로 남아있듯이, 그때의 충만함도 색감과 냄새로 내게 남아있다. 생각해 보면 우리가 어떤 장소를 기억한다는 것은 우리의 오감이 작동하는 매우 복잡한 과정인가보다. 그리고 무엇보다 사람! 초등학교의 경주와 십수 년 후의 경주는 같은 곳이지만 사람들이 달라졌고 그래서 장소가 달라졌고 그래서 또다시 내가 달라졌다.

불국사의 석가탑과 다보탑   불국사 입장권

이 엠티를 생각하니 문득 신영복의 "청구회의 추억"이 떠오른다. 1966년 이른 봄 문학회 회원들과 서오릉으로 답청놀이(봄에 파랗게 난 풀을 밟으며 교외를 거니는 봄놀이)를 가는 길에 당시 숙명여대 강사였던 신영복은 "여섯 명의 꼬마 한 덩어리"를 만난다. 똑똑지 못한 옷차림에서 한눈에 가난을 읽을 수 있는 그 여남은 살의 꼬마들에게 말을 붙여보기 위해 신영복은 성실하게 고심한다. 아이들이 대답할 필요를 느끼지 않는 시시한 질문이 아니라, 아이들의 대답을 구하는 질문, 아이들이 반드시 대답할 수 있는 질문을 신영복은 고민 끝에 던진다.

"이 길이 서오릉 가는 길이 틀림없지?"

아이들이 대답을 앞다투면서 그들의 관계는 시작된다. 보통의 어른이나 선생이었다면 "공부 열심히 하고 있나?", "아부지 뭐하시노?" 뭐 이런 아이들 주눅 들기 딱 좋은 시시껄렁한 질문이나 던지지 않았을까? 이후 신영복은 매월 마지막 토요일 6시 장충체육관 앞에서 이들을 만난다. 문고를 만들 요량으로 스스로 번 돈

『청구회 추억』 표지 (출처: 돌베개 제공)

10원씩을 회비로 모으고, 책 얘기를 함께 나누던 이들의 '우정' 관계는 1968년 신영복이 통혁당 사건으로 구속될 때까지 이어졌다.

예상과 달리, 돈이 없어 중학교에 가지 못한 이 가난한 아이들에게 신영복은 그 어떤 것도 훈시하지 않는다. 애써 무엇을 가르치거나 섣불리 답을 주지 않는다. 어쭙잖은 동정도, 책임지지 못할 희망도 함부로 내비치지 않는다. 그저 함께 제 몫의 봄을 만끽하고 놀이를 즐길 뿐이다. 1967년 6월, 청구회 6명을 주축으로 하여 이화여대 청맥회 여학생 8명, 육사생도 6명, 신영복 이렇게 21명이 백운대 계곡으로 떠난 여름 여행, 이 여행을 신영복은 그 누구보다 설레는 마음으로 준비한다. 그리고 그 청구회 회원들에게 꼬마들이니까 가난하니까 그저 어른들을 따라오기만 하라는 배려와 친절 따위는 없다. 낮추어보는 이, 주눅 드는 이 없이, 각자가 그렇게 나름의 깜냥으로 자신의 기억과 타인과의 추억을 쌓는다. 그렇게 그들은 서로의 친구가 되고 스승이 되어 훈육과 지시와 통제로는 '수학'이 될 수 없음을 몸으로 체득해 나간다.

따지고 보면 '수학' 아닌 세상사가 어디 있으며, '여행' 아닌 인생사가 무엇이 있겠는가? 신영복은 언젠가 인간 존재의 기본형식은 나와 타인의 관계이며, 그 관계에서 누군가를 돕는다는 것은 우산을 들어주는 것이 아니라 함께 비를 맞는 것이라고 알려준 적이 있다. 함께 맞는 비라, 함께 맞는 비라... 하염없이 부끄럽고 눈물 나게 부럽다.

그때 그 많던 아이들은...

일제 강점기 근대학교에서 본격화된 대규모의 집단 수학여행은 2014년 4월 16일 이후 소규모의 체험학습으로 변화되고 있다. 4·16 세월호 참사 이후 수학여행은 우리 사회와 어른들의 무지와 무능력을 일깨우는 뼈아픈 단어가 되었다. 이제 "가만히 있으라"는 말은 어른들이 스스로에게 해야 할 말이 되었다. 생각해 보면 수학여행이라는 용어 자체가 이미 학생들을 위한 기획이 아니었다. 학교 밖 훈육, 제국의 이념과 정서 고양, 선진문물의 우월성 체험, 국가주의의 함양 등등. 그런 와중에도 학창시절의 수학여행을 행복한 추억으로 기억할 수 있는 이유는 친구들 덕분일 것이다. 막상 학교도 친구들 때문에 마냥 즐거울 수 있었지 않았던가. 선생님만 안 계시면 더없이 즐거울 게 학교생활이었다.

코로나 19로 이제 우리는 많은 것들을 다시 생각하고 새로 기획해야 하는 기로에 서 있다. 어쩌면 학생들은 방역이 일상의 수칙인

학교생활을 기약 없이 할지도 모르겠다. 분명한 것은 집단으로 떠나는 대규모의 수학여행은 사라지고 소수의 체험 학습활동이 더 적극적으로 이루어질 것이다. 그렇게 된다면 최소한 학생들의 여행은 더 자유롭고 더 발칙한 것이 될 공산이 크다. 마음만 먹어준다면 마구 거닐고, 양껏 느끼고, 마음 놓고 즐길 수 있는 갖가지 체험을 할 수도 있을 것이다. 어쩌면 열한두 살의 소년 한 뭉치가 밥솥을 싸 들고 찾아들었던 서오릉의 소나무 숲길을 한껏 들떠서 거닐 수도 있으리라. 혹여는 경주의 소담한 시골집에서 보낸 하룻밤으로 묵은 감정을 털어내고 낯섦의 신선함을 기껍게 받아들이게도 되리라. 그래서 장소와 공간의 기억은 결국 사람으로 완성됨을 알아갈 수도 있으리라.

허나 이 모든 걸 모르면 또 어떤가. 경주가 그렇게 존재하는 것만으로도 이미 기쁨이듯이 경주 속에 이런저런 존재들이 그렇게 노니는 것만으로도 이미 충분한 것을...

문득, 그때 그 많던 아이들은 어디에 있을지 아련해진다.

친구와 쫄면: 좋은 것에 좋은 것을 더하다

강미경

입시한파

2021년 대학수학능력시험(이하 수능)은 2020년 12월 3일 치러졌다. 원래 11월 중순에 시행되던 수능이 코로나(COVID-19) 여파로 12월 초로 변경된 것이다. 대학 입시와 관련된 명칭은 예비고사, 학력고사, 수능 등으로 여러 번 바뀌었지만 매번 바뀌는 명칭과는 다르게 변하지 않는 것도 있다. 바로 국어사전에도 버젓이 한 자리를 차지하고 있는 '입시한파'다. 시험관리 담당 부서는 매년 30년 정도의 기상 자료를 참고하여 시험용 길일을 택한다. 하지만 참으로 희한하게 입시 날이면 매번 한파가 기승을 부리는 바람에 담당 부서는 '족집게처럼 추운 날만 골라 수험생을 고생시킨다'는 억울한 비난을 받아왔다. 방한 장비가 변변치 않았던 시절, 싸늘한 겨울 날씨에, 그것도 외지에서 시험을 치러야 했던 수험생들의 고생은 사실 이만저만이 아니었을 것이다.

우리나라 대학 입시의 경우 일제 강점기부터 해방 이후 1970년대까지 대학별 본고사로 진행되었고 3월에 시작되는 신학기에 맞추어 대체로 1~2월 중에, 또 1980년대 학력고사 시절에는 11월 말 또는 12월 중에 실시되었다. 그야말로 한겨울의 날씨 속에서 수험생들이 입시를 치렀다. 그리고 1994년, 현재와 같은 수능 시스템이 시작된 1년 후, 당시 김숙희 교육부 장관은 "얼어붙은 날씨 속에서 학생들이 더 이상 고생해서는 안 된다"며 입시 날짜를 현재와 같은 11월 중순으로 변경해 오늘에 이른 것이다.

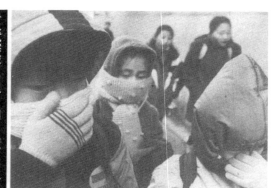

경향신문 1988년 12월 15일자 기사

예비고사, 학력고사, 수능을 포함해 역대 가장 추웠던 시험은 1989학년도 학력고사(1988년 12월 16일)로, 당일 최저 기온이 영하 12.2도, 최고 기온 역시 영하 3.7도밖에 되지 않는 엄청난 한파가 수험생들을 힘들게 했다. 위의 신문 기사에서 볼 수 있는 것처럼 당시 수험생들은 온몸을 모자와 장갑, 머플러로 무장하고 시험장으로 향했다. 그런데 바로 이 최악의 시험 날 큰 동생이 경주에서 입시를 치르게 되었다.

친구야, 고맙다!

동생의 입시를 앞두고 필자의 집에서도 대책회의가 열렸다. 부친은 출근할 수밖에 없는 상황이었고, 모친 역시 몸이 편찮은 할아버지를 모시는 중이라 경주까지 동행할 수 없었다. 그렇다고 동생을 혼자 보내기에는 부모님의 걱정이 컸던 터라 결국 대학생이던 필자가 동생과 함께 경주까지 동행하게 되었다. 그리고 아침 8시 전에 시험장에 들어가야 하는 수험생이 새벽차를 타고 경주에 가는 것은 무리라는 판단하에 하루 전 경주에 도착해 1박을 하는 것으로 결정되었다.

그런데 당시 경주 동국대 입시를 앞두고 경주에서는 때아닌 난리가 났다. 너무 많은 수험생이 몰리는 바람에 경주 내 호텔이며 모텔이 동이 난 것이다. 우리 가족 역시 경주에 무슨 별다른 연고가 있는 것은 아니어서 걱정이 이만저만이 아니었다. 걱정 끝에 경주가 고향인 친구에게 상의했다. 마침 그 친구의 부친이 경주에서 경찰관으로 재직 중이셔서 큰 도움을 받을 수 있었다. 그분은 아들의 대학 친구를 위해 흔쾌히 좋은 방을 구해주시고 바쁜 본인을 대신해 퇴근하는 부하 직원에게 찹쌀떡과 엿 등을 들려 보내기도 하셨다. 방문을 두드리며 '경찰입니다'라는 말에 어찌나 놀랐던지 지금도 생생하게 기억이 난다. 나는 요즘도 가을이 되어 과일 가게에 쌓인 노란 단감을 보면 유난히 감을 좋아하신 친구의 아버님이 생각난다. 그리고 돌아가셨다는 소식에 직접 문상가지 못한 것이 아직도 못내 아쉽다.

소면과 냉면 사이

현재 명동쫄면 전경, 여러 번 간판이며 내부가 바뀌었다

이 고마운 친구가 대학시절 필자에게 소개해 준 2가지가 있는데 그중 하나가 바로 경주의 명동쫄면이다. 흔히 쫄면이라 함은 강력분을 사용한 쫄깃한 면에 채 썬 양배추와 오이 혹은 콩나물 같은 채소를 넣고 매콤한 초고추장 소스에 비벼 먹는, 그야말로 전국의 분식점 어디에서나 볼 수 있는 전국구 요리다. 조선닷컴의 '경북 식도락 여행' 경주 편에서 설명하는 것처럼 쫄면은 '분식계에서 빠질 수 없는 정통 강호이자 유일하게 라면과 견줄 수 있는 적수'라 할 수 있다. 그러나 탄생 초기에는 면이 너무 질겨 '고무줄 국수'라 외면받기도 했고, 불량 식품으로 지목되어 당국의 단속을 받기도 했던 아픈 과거가 있는 음식이기도 하다.

쫄면의 탄생에 대해서는 흥미로운 여러 이야기가 전해지는데 그 중 대표적인 것이 인천의 '광신제면'과 관련된 것이다. '광신제면'에서 냉면을 뽑으려다 사출기를 잘못 끼워 두꺼운 면이 나온 덕분에 우리가 아는 쫄면의 면이 만들어졌다는 이야기다. 그러나 냉면과 쫄면의 재료를 생각하면 이는 믿기 어렵다. 냉면계의 양대 산맥 중 평양냉면은 주로 메밀을 사용하고 함흥냉면의 경우 감자나 고구마 전분을 많이 사용하므로, 온전히 밀가루를 이용하는 쫄면과는 그 태생이 다르기 때문이다. 쫄깃한 쫄면의 탄성은 밀가루의 글루텐이라는 단백질이 그물 구조를 이루기 때문이고 이 그물 구조는 반죽을 치대는 과정에서 더 촘촘해진다. 탄생 배경이 어쨌든 쫄면이 1970년대 인천에서부터 시작해 우리나라 전역에 퍼지게 된 것은 대동소이한 이야 기들인 듯하다.

유부쫄면 외에도 비빔쫄면과 오뎅쫄면 그리고 냉쫄면을 판매한다

그러나 필자가 대학 시절 처음 접한 경주의 쫄면은 기존의 쫄면과 는 사뭇 다른 음식이었 다. 입시가 끝난 어느 날, 베풀어주신 도움과 는 달리 정말 약소한 선물을 가지고 친구네 집을 방문한 적이 있었다. 출근하신 친구의 부친 대신 모친께만 인사드리고 돌아가 는 길에, 친구가 맛있는 걸 먹여주겠다며 데려간 곳이 바로 경주 명동쫄면이었다. 꽤 쌀쌀한 날씨였는데 들어서는 순간 뜨거운 김이 안경을 뿌옇게 만들던, 조금은 후줄근한 작은 가게였다. 친구의 강력 추천으로 필자 앞에 놓인 것은 '유부쫄면'이라는 것으로, 첫인상은 마치 중국집 우동 같은, 넓게 풀어 익힌 계란이 들어간 허여멀건한 국물에, 유부와 쑥갓이 잔뜩 올려진 생전 처 음 보는 요상한 것이었다. 특히 뜨끈하고 진한 멸치 육수에 담긴 면은 기존의 쫄깃 일변도인 면에 비해 쫄깃하면서도 부드러운 것이 평소 쫄면이 질기다고 느끼신 분들도 쉽게 즐길 수 있는 정도였다. 이 이중적인 식감은 아마도 매일 뽑은 신선한 생면의 덕이 아니었나 싶다.

이번 글을 위해 이런저런 자료를 찾아본 바에 따르면 뜨거운 육수를 부어 먹는 이런 쫄면은 이른바 '물 쫄면'으로 충북 옥천 풍미당, 서울 자성당과 함께 경주 명동쫄면이 전국에서 알아주는 곳이라고 한다. 이 글을 읽는 분들께도 이런 '물 쫄면'을 한번 드셔보길 권한다. 새로운 시도는 항상 사람을 설레게 하지 않은가? 게다가 맛있는 음식이라면 말할 것도 없을 것이다.

늦은 오후, 경주 도심 전경

때로는 힘을 빼는 것도 중요하다

'경주는 야외 박물관이다'라는 말처럼 명동쫄면이 위치한 곳은 도시 중심부인데도 주변에는 천마총, 오릉, 계림, 경주 읍성과 같은 유적들이 사방에 흩어져 있다. 이 글에 들어갈 사진 촬영을 위해 경주를 방문했을 때, 동행한 친구와 느긋하게 쫄면 한 그릇을 해치우고, 도심 양쪽으로 늘어선 가게들 사이를 지나 경주 읍성까지 천천히 걸었다. 살짝 일상에서 벗어나, 느지막한 오후에 한가로이 경주의 골목을 걷고 있자니 생뚱맞게 달력 귀퉁이에 써둔 구절이 생각났다. 아마도 게으른 심성을 다잡으려 적어둔 경구였던 것 같다.

> '못한다는 것'은 '정말로 할 수 없다'와 '너무 힘들어서 하기 싫다' 2종류
> 가 있다. 대개의 꿈은 '너무 힘들어서 하기 싫은' 끝에 빛나는 것이다.

아마도 많은 사람이 비슷한 경구들을 어디엔가 하나쯤 적어두고 자신을 채찍질하며 살아가고 있을 것이다. 그런데 지금 생각해 보니 필자의 경우 좋은 글이나 강연은 '잘 해야지!'라며 온몸 잔뜩 힘이 들어가 있을 때가 아니라 느긋한 마음으로 한 발짝 물러서 힘을 빼고 있을 때 나왔던 것 같다. 경직되어 있을 때는 항상 무언가 아쉬운 결과들이 나온다. 살아가다 보면 때로는 힘을 빼는 것도 중요하다.

돌아오는 길에

이런 생각을 하며 경주 거리를 느릿느릿 걷다 보니 어느새 해가

하늘의 한쪽 귀퉁이로 내려앉으려 한다. 또 마음이 급해진다. 돌아가는 길에 경주의 명물, 황남빵과 찰보리빵을 사 가자며 친구를 재촉했다. 고교 시절, '화랑교육원'에서 충의 화랑으로 선발되어 텔레비전에 잠깐 등장한 적이 있었다. 그때 연수를 마치고 돌아가는 길에 친구들과 함께 경주 고속버스 터미널 근처에서 먹었던 황남빵이 필자의 첫 황남빵이었다. 금방 나온 넓적한 사각 오븐팬 하나를 그대로 테이블에 올려두고 뜨거운 황남빵을 우유와 함께 집어 먹던 기억이 난다. 지금도 경주에서 황남빵을 먹을 때면 그때의 기억이 자동으로 재생되곤 한다. 이래저래 필자에게 경주는 따뜻한 추억과 음식이 공존하는 곳이다. 좋은 것에 더 좋은 것을 더한 느낌이랄까? 어쨌거나 설마 황남빵이 다 팔린 건 아니겠지? 친구야! 빨리 가자!

경주의 한 황남빵 가게

남산 자락의 생태인문학 산책

김재웅

신라인의 불국토, 남산 자락

경주는 내 마음의 안식처다. 나는 삶의 무게가 버거우면 무작정 경주로 달려간다. 천년 고도 경주는 언제나 지친 내 어깨를 포근히 감싸주기 때문이다. 경주에서도 남산 자락은 내 발길이 가장 많이 닿은 곳이다.

남산 자락은 신라인의 불국토(佛國土)로 오랫동안 생명력을 유지하고 있다. 6세기부터 남산에는 수많은 탑과 불상을 포함한 절집, 왕릉, 다양한 유적들이 들어서면서 살아있는 박물관으로 거듭나게 되었다. 이러한 노천 박물관의 아름다움을 소개한 윤경렬 선생의 열정을 기억해야 한다. 그분의 발자국 덕분에 남산 자락의 불국토가 빛을 발하게 되었기 때문이다.

남산 자락에는 경주의 설화, 김시습의 발자취, 일연 스님의 발걸음

등과 같이 생태문화가 보물처럼 숨겨져 있다. 그 보물을 찾아서 오랫동안 답사하여 『대구·경북 지역의 설화 연구』, 『김시습과 떠나는 조선시대 국토기행』, 『나무로 읽는 삼국유사』 등을 간행했다. 이 책들은 남산 자락에 갈무리된 역사와 문화의 현장을 생태인문학적 관점에서 여행한 결과물이다.

남산에는 소나무 숲으로 가득하다. 남산의 소나무 숲속에는 천년의 역사와 문화가 살아 숨 쉬고 있다. 이 때문에 남산 자락은 신라 천년의 생태문화가 공존하는 세계문화유산이기도 하다. 숲속에 자리한 남산 자락의 문화유산을 생태인문학적 관점에서 산책하면 불국토의 생명력을 느낄 수 있을 것이다.

나정의 소나무와 포석정의 느티나무

남산은 신라의 처음과 마지막을 보여주는 신화와 역사의 무대다. 신라의 첫 하늘을 열었던 신화의 현장인 나정(蘿井)과 신라 패망의 역사적 현장인 포석정(鮑石亭)이 남아있기 때문이다. 나정은 박혁거세가 소나무 숲에서 탄생한 신비로운 이야기를 전해 주고 있지만 방문객이 거의 없어서 너무도 고요하다. 나정에서는 소나무를 안고 박혁거세 신화의 생태인문학적 상상력을 길어 올리기에 제격이다.

박혁거세가 탄생한 나정에서 소나무를 안고 대화하다

　신라 패망의 오명을 쓴 포석정에는 아름드리 느티나무가 오랜 세월 동안 생명력을 품고 자란다. 포석정은 초등학교 수학여행 때 처음 방문했던 기억이 생생하다. 그때는 포석정의 역사에만 관심을 가졌을 뿐 나무에 대한 관심은 없었다. 나무를 공부하면서 비로소 포석정의 생태문화에 대해서 관심을 가지게 되었다. 나무가 눈에 들어오면서 나무의 생태와 인문학에 대한 관심이 넓어졌다.

　포석정은 유흥과 놀이를 진행했던 유상곡수(流觴曲水)의 공간으로 유명하다. 유상곡수는 술잔을 물에 띄워놓고 시를 지었던 신라 귀족들의 풍류문화다. 포석정의 느티나무는 유상곡수의 흥취와 함께 수학여행 온 당시의 내 모습도 나이테에 오롯이 새겼을 것이다. 포석정의 느티나무는 수많은 유상곡수의 현장을 지켜본 생명체이다.

포석정, 유상곡수를 지켜본 아름드리 느티나무

삼릉(三陵)의 소나무, 생태미학을 보여주다

남산은 온통 푸른색으로 가득하다. 그 푸른색의 정체는 소나무 숲이다. 소나무는 남산의 내면을 쉽게 보여주지 않는다. 다만 땀을 흘리며 남산을 오르는 사람에게만 조금씩 자신의 속내를 보여줄 뿐이다. 소나무는 남산의 역사와 문화를 지켜온 소중한 생명체다. 그렇다고 남산에는 소나무만 있는 게 아니다. 남산에는 때죽나무, 철쭉, 물푸레나무, 싸리나무, 옻나무, 노간주나무, 물오리, 사방오리, 진달래, 팥배나무, 청미래덩굴, 서어나무, 갈참나무, 굴참나무, 신갈나무, 국수나무, 사람주나무 등 수많은 나무가 어울려 살아간다. 이렇게 남산 자락은 생태문화의 보고이기도 하다.

삼릉의 소나무 숲, 천년의 생태미학을 보여주다

    삼릉은 소나무 숲이 울타리가 되어 신라 왕릉을 보호한다. 아름드리 빽빽한 소나무 숲에는 경명왕, 신덕왕, 아달라왕 등의 삼릉이 적막함을 더해준다. 삼릉을 감싸고 있는 소나무는 이리저리 굽은 자태가 예사롭지 않다. 특히 삼릉의 아름드리 소나무는 한국의 자연미를 보여주는 사진에 단골로 등장한다. 소나무의 신비로운 생명력은 흐리거나 안개 낀 날에 더욱 장관이다. 삼릉에 살고 있는 건강한 소나무의 위풍당당함이 천년의 생태미학을 고스란히 보여준다.

    삼릉의 소나무 숲은 생명체의 역사와 문화를 그대로 담고 있다. 삼릉에 누워있는 신라왕들은 재임 기간 뚜렷한 업적이 없다고 한다. 그런데도 삼릉은 아름드리 소나무의 매력 때문에 해마다 수많은 방문객을 유혹한다. 삼릉의 왕들은 살아있을 때보다 죽어서 더 많은 사랑을 받고 있다. 그 곁에 소나무가 있어서 삼릉의 주인공은 덜 외로웠는지도 모른다. 소나무는 삶과 죽음을 구분하지 않고 자신의 생명을 유지하기 위해 치열하게 살아갈 뿐이다.

남산 자락의 나무이야기

남산을 산책하는 코스는 여러 갈래가 있다. 그 중에서도 삼릉에서 출발해 상선암(上禪庵)을 거쳐 용장계곡으로 내려오는 길이 가장 역사와 문화가 풍성하다. 냉골로 가는 등산로에는 나무로 만든 바닥이 깔려있다. 등산객의 편안한 발걸음을 유도하여 남산을 보호하려는 세심한 배려로 보인다. 냉골에는 머리가 없는 석불여래좌상이 시선을 붙잡는다. 옷 주름과 매듭이 아름다운 불상 주변에는 때죽나무, 철쭉, 팥배나무 등이 자란다. 그중에서도 때죽나무는 5월에 하얀색 꽃송이가 아름답게 피어난다. 지금은 향기로운 꽃이 진 자리마다 동자승 머리 모양처럼 열매가 주렁주렁 매달려 있다.

때죽나무는 석불여래좌상 왼쪽 40미터에 있는 마애관음보살 입상 주변에도 자란다. 때죽나무의 열매는 깨달음을 위해 참선하는 스님의 머리처럼 매끄러운 모습이 정겹다. 그런데 불상 좌우에는 동백나무를 심어놓았다. 따뜻한 남쪽에서 잘 자라는 동백나무를 심은 것은 조금 어색하다. 머리 없는 불상을 위로한다고 해도 낯선 환경에 적응하면서 힘겹게 살아가는 동백나무가 애처롭기도 하다. 어쩌면 인간의 무지와 욕심 때문에 동백나무를 남산에 심었는지도 모른다.

나뭇잎에 떨어지는 빗방울 소리와 계곡의 물소리는 거문고의 산조 가락을 연주하는 듯하다. 장마철이라 제법 시원한 물소리는 세상의 근심을 씻어주기에 충분하다. 물가에 자라는 물오리, 사방오리, 서어나무 등은 싱싱했지만 고사한 나무들은 그루터기에 새로운 생명을 품어준다. 선각육존불로 가는 길에는 소나무 뿌리가 흙을 안고 있는 모습이 계단처럼 자연스럽다. 남산의 흙을 뿌리로 감싸고 있는 소나무의 내공이 대단해 보인다. 인공이 아닌 자연 계단은 힘겨운 발걸음을 훨씬 가볍게 한다. 선각육존불과 선각여래좌상 주변에는 소나무, 아까시나무, 때죽나무, 쇠물푸레나무 등이 유물과 상생하며 살아간다.

이제 조금만 더 가면 금오산 정상으로 이어지는 능선에 닿을 수 있다. 그렇지만 정상에 오르기 전에 상선암에서 잠시 쉬어가는 것이 좋다. 상선암에는 측백나무, 느티나무, 살구나무, 호두나무, 벚나무 등이 절집을 감싸고 있다. 사람이 거주하는 상선암에는 아름드리 살구나무가 눈길을 끈다. 따뜻한 봄날에 살구나무와 벚나무가 꽃망울을 터뜨리면 상선암에는 신선이 내려올 것만 같다. 비가 오락가락하는 궂은 날씨에도 상선암에서 바라본 형산강의 시원한 풍광은 자연이 빚은 생명력으로 넘쳐나고 있다.

마애석가여래좌상 곁의 소나무

　마애석가여래좌상은 남산에서도 커다란 불상이다. 화강암의 하얀색에 돋을새김한 불상은 웅장하면서도 인자한 모습이다. 그 왼쪽에는 아름드리 소나무가 불상과 반대편으로 가지를 뻗어서 푸른색의 싱싱한 젊음을 뽐낸다. 불상의 머리 위에는 노간주나무가 바위에 뿌리를 내리고 힘겹게 살아간다. 노간주나무는 촛불처럼 부처의 후광을 빛내고 있다. 입구에 심어놓은 회양목의 둥근 모양새가 세상을 둥글게 살아가는 지혜를 보여준다. 그곳에서 바라본 삼릉계곡은 물길을 따라 나무들이 싱싱하게 자란다. 계곡의 물이 나무를 키우고 나무가 물을 품어주는 생태적 상생관계를 보여준다.

정상에 오르면 내려가는 것이 자연의 순리

드디어 해발 468미터 금오산 정상에 닿았다. 금오산은 해발고
도가 낮다고 해서 단숨에 오를 수 있는 산이 아니다. 화강암에
뿌리내린 소나무들의 끈기를 생각하며 천천히 올라야 한다. 그
옛날 남산에서 소원을 빌었던 수많은 사람도 수행하는 마음으로
올랐기 때문이다. 어쩌면 남산을 오르는 것만으로도 근심을 풀어
내고 소원을 성취했는지도 모른다.

일연 스님의 『삼국유사』에 의하면 삼화령 대연화대에는 충담
스님이 해마다 삼짇날과 중구절에 돌미륵에게 차를 공양했다고
한다. 차는 달마대사의 눈꺼풀에서 태어났기 때문에 불교의 깨달
음과 관계가 깊다. 비가 그친 뒤에 발아래로 보이는 삼릉의 소나
무 숲은 마치 푸른색 물감을 풀어놓은 바다처럼 잔잔하다.

정상에 오르면 반드시 내려가야 한다. 산에서 내려가는 것은
오르는 것보다 위험하다. 그래서 조심했지만 나무에 시선을 빼앗
겨 넘어질 뻔했다. 금오산 정상에서 소나무 숲길을 따라서 남쪽의
용장사지로 향했다. 남산의 바위를 기단부로 활용한 지혜 덕분에
용장사지 삼층석탑은 가장 아름답고도 맵시가 넘친다. 삼층석탑
주변에는 소나무가 분재처럼 바위틈에 뿌리를 내리고 살아간다.
소나무는 척박한 환경에서도 오랜 세월 동안 삼층석탑을 지켜본
친구다. 삼층석탑 밑에는 삼륜대좌불이 얼굴도 없이 하염없이 남

쪽을 바라본다. 그 옆에는 마애여래좌상이 살짝 미소 짓고 있다.

용장사지 삼층석탑과 소나무

김시습이 『금오신화』를 지었던 용장사지

김시습의 방외인적 삶은 평생 지속되었다. 세조의 왕위찬탈로 전국을 유랑하던 끝에 경주 남산 자락의 용장사에 은거하면서 『금오신화』를 지었다. 당시에도 선비의 양심을 지키기란 쉬운 일이 아니었던 것으로 보인다. 그는 사람들이 찾아오지 않는 용장사 주변에 매화나무, 소나무, 차나무, 대나무 등을 심어놓았다. 김시습은 매화에 대한 각별한 애정을 보여주었다. 자신이 거처하던 집을 매월당(梅月堂)이라고 이름 짓고 들매화를 보고 시(詩)를 짓기도 했다.

버섯 자라 산골짜기 깊숙하여
사람이 오는 것을 보지 못해라
가랑비에 시냇가의 대나무가 자라고
비낀 바람은 들매화를 보호하는구나!
작은 창에서 사슴과 함께 자고
마른 의자에 앉았으니 재와 같은데
깨닫지 못하겠도다, 초가집 처마에서
뜰 꽃이 떨어지고 또 피어남을

들매화, 선비의 절개

용장사지는 김시습이 『금오신화(金鰲新話)』를 창작한 공간이다. 매월당이 살았던 용장사지에 매화나무가 없다는 것이 너무도 아쉬웠다. 지금은 무성한 칡과 대나무가 엉켜있는 집터만이 을씨년스럽게 방치되어 세월의 무상함을 보여준다. 집터 주변에는 곰솔, 느티나무, 말채나무, 대나무, 소나무 등이 자라고 있다. 이러한 나무에도 김시습의 생태의식이 숨어있을 것 같아 조금은 위안이 되었다.

김시습은 세조의 왕위찬탈을 비판하며 선비의 양심을 지키기 위해 전국을 유랑한 방외의 지식인이다. 그래서 나는 선비의 양심을 상징하는 매화나무를 심고 싶었다. 한겨울에 봄소식을 전해주는 매화나무는 선비의 절개를 상징하고 있기 때문이다.

용장사지에 매화나무를 심다

김시습의 국토기행에 동참하면서 아름다운 자연과 나를 탐색하는 기회로 삼고 싶었다. 이 때문에 경주 남산 자락을 등산할 때마다 용장사지는 빼놓을 수가 없었다. 김시습의 흔적을 찾을 수 있을 것만 같았기 때문이다. 그럼에도 문학 창작의 현장에 매화나무를 심을 거라고는 상상도 못 했다.

『금오신화』에는 「만복사저포기」, 「이생규장전」, 「남염부주지」, 「용궁부연록」, 「취유부벽정기」 등의 이야기가 존재한다. 이 5편의 이야기는 고전소설사에 매우 중요한 작품이다. 그중에서도 「만복사저포기」와 「이생규장전」은 기이한 이야기로 구성되어 감동을 주기에 충분하다. 『금오신화』에 수록된 5편의 이야기는 김시습의 방외인적 삶과 선비의 양심 고백이 반영되어 있다. 이 때문에 김시습의 삶과 『금오신화』는 분리될 수 없는 것인지도 모른다.

2013년 처음으로 아내와 함께 용장사지에 매화나무 2그루를 심었다. 『김시습과 떠나는 조선시대 국토기행』을 출간한 것이 직접적인 계기가 되었다. 용장사지에 매화나무를 심는다는 것이 꿈만 같았다. 약간 설레기도 하고 내가 매화나무를 심어도 되는지 궁금하기도 했다. 용장사지에 매화나무를 심은 뒤에 그 매화나무에게 김시습의 시를 낭독해 주었다. 그렇게 하면 매화나무가 나의 행동을 기억해 줄 것만 같았기 때문이다.

매화나무를 심고 시를 낭송하다

    용장사지에 심은 매화나무는 시련의 연속이었다. 왜냐하면 용장
사지에 무덤 2기가 있었기 때문이다. 우리는 무덤 가장자리에 가녀린
매화나무를 심었지만 가을에 벌초할 때마다 풀과 함께 잘려나갔다.
나는 매화나무에게 미안한 마음이 들었다. 그래서 다른 곳으로 옮겨
주려고 했지만 생각보다 쉽지 않았다.

    나무인문학을 공부하는 회원들과 함께 용장사지에 매화나무를 옮

겨 심고 새로 3그루를 심었다. 그랬더니 간밤에 비가 내려서 매화나무가 잘 자랄 것 같아서 정말 좋았다. 나무인문학 회원들도 나와 같은 마음이었는지 비가 오자마자 용장사지 매화나무의 성장을 기원하는 카톡 메시지를 보내주었다. 김시습을 상징하는 매화나무는 용장사지에 생명의 뿌리를 내렸다.

나무인문학 회원들과 함께 매화나무를 심다

설잠매, 생태인문학을 실천하다

용장사지에 심은 매화나무의 이름을 '설잠매(雪岑梅)'로 지었다. 김시습은 매월당, 동봉, 설잠, 췌세옹 등과 같이 다양한 호를 사용했다. 그 중에서 '설잠매'가 가장 적절한 것 같았기 때문이다. '설잠매'가 피어날 때 제일 먼저 용장사지를 찾아갈 것이다. 김시습이 살았던 용장사지에서 봄날 활짝 핀 매화를 볼 수 있다면 정말 행복할 것 같다. 그 매화 향기를 맡으며 생태인문학의 실천을 자축하고 싶다.

　김시습이 살았던 용장사지를 지나 용장계곡으로 내려가면 아름드리 해송과 느티나무, 왕대 등이 무성하다. 대나무 중에서도 왕대는 특유의 연녹색을 띠고 있다. 해송은 흙의 손길을 피하기 위해 나뭇가지를 하늘 높이 올려서 햇볕을 받으며 자란다. 용장계곡 설잠교 아래에는 버들치 가족이 맑은 물에서 자유롭게 헤엄친다. 어떻게 이런 높은 곳까지 버들치가 거슬러 왔는지 생명체의 신비로움은 항상 내 상상력을 가볍게 넘어버리곤 한다.

2부 흔적, 경주를 기억하다

경주 고선사지 삼층석탑:

애잔한 국보의 향기가 박물관 정원을 감싸고

김건우

경주에 대한 오래된 기억들

경주는 필자의 대학교 학창 시절 제2의 고향이었다. 사학과 특성상 대구에서 가까운 경주로 고적답사를 자주 갔었고, 학과 내 학술반 - 한국사반 모임에서도 주말이면 동기, 선후배들과 경주 유적지와 남산을 수시로 드나들었다. 그리고 대학교 같은 과에서 1학년 때부터 알게 된 절친의 고향이기도 했다. 이러한 인연으로 2박 3일의 신혼여행 역시 아내와 함께 경주로 가면서 경주는 필자의 삶에서 도저히 떼려야 뗄 수 없는 곳이 되었다.

돌이켜 보니, 필자 나이 20대에 경주에 갈 때는 새로운 무엇인가를 찾으려 했던 것 같다. 그렇다면 50대가 된 현재는 경주에 어떤 마음으로 가고 있을까. 이제는 새로운 것, 변한 것을 찾기보다는, 같은 곳에서 과거에 보지 못한 것을 보고, 느끼며 무엇인가를 다시 생각하기 위해 경주를 방문하는 것으로 바뀐 것 같다. 비록 한국사 전공자는 아니지만, 대학교 시절 한국불교 미술사에 관심이 많아 전국 방방곡곡의 돌탑을 보러 돌아다녔던 때를 생각하면서, 경주에 가서 과거에 느끼지 못했던 것을 몇 자 적어보고자 한다.

우연히 마주하게 된 돌탑

   필자가 한국불교 미술사, 특히 돌탑에 관심을 가지게 된 계기는 순전히 우연이었다. 어려서부터 집에서 한문교육을 받았고, 고등학교 때부터는 한국사 수업 시간에 학생 주도형 주제발표를 맡아 혼자서 수업을 진행했었던 탓에 대학교 사학과 진학은 어쩌면 당연한 결과였다. 그렇게 가고 싶었던 사학과를 진학했으나, 1986년 시국은 그냥 역사를 좋아했던 철없는 신입생에게는 너무나 혹독했다. 1학년 1학기 중간고사는 아예 쳐보지도 못했고, 강의실과 가까운 대학교 북문은 최루탄 가스와 돌멩이로 뒤덮여 있었다. 조금씩 역사의 진실을 알아가면서도, 교양과목으로 가득한 학과의 커리큘럼에 대한 불만과 사학과 학생임을 느낄 수 있었던 것은 그 어디에도 없었던 것 같다. 역사를 전공하는 학생으로서 필자 자신을 스스로 찾지 못한 채 하루하루 지나갔을 뿐이었다.

그런데, 1학년 2학기 처음으로 선배들과 함께 학과 정규 행사로 가을 고적 답사를 가게 되었다. 1박 2일의 짧은 시간 속에서 필자는 사학과에서 얼마나 고적 답사가 중요한지, 그리고 역사가가 현장감을 느낀다는 것이 무엇인지 깨닫게 되었다. 특히, 국보 제112호 '경주 감포 감은사지 동서 삼층석탑' 앞에 서서 탑의 구조에 관해서 설명해준 3학년 선배의 말에 필자는 큰 감동을 받았다. 선배께서는 1학년 신입생들을 위해 열심히 돌탑에 대하여 설명을 해 주었다. 돌탑의 층수를 세는 방법에서부터 탑신, 탱주, 우주, 갑석, 옥개석, 상륜부, 기단 등 돌탑 각 부분의 용어들은 필자에게 호기심과 흥미를 자극하였고, 그때부터 돌탑에 대해서 유난히 많은 관심을 가지게 되었다. 아울러 고적 답사에 대한 필자만의 생각과 의미를 찾을 수 있었다. 그래서 지금도 감은사지 동서 삼층석탑은 필자의 기억 속에 새로운 역사유물과 안목을 가지게 해준 소중한 유물로 자리 잡고 있다. 감포를 갈 때마다 탑을 찾아가 풋풋했던 과거의 기억을 떠올리곤 한다.

오랜 기간 독일의 유학 생활을 마치고 와서도, 경주에 대한 필자의 기억은 또렷하다. 이제 경주는 고적 답사가 아니라 가족들과 함께 즐겨 찾는 곳이 되었다. 바람 쐰다는 핑계로 두 아이와 아내를 무작정 차에 태우고 경주로 가, 필자 혼자 생각에 빠져 있던 적도 있었다. 물론 현장에 가서는 필자가 알고 있는 지식을 최대한 아이 눈높이 맞추어 설명했다. 그러면 두 아이는 신기한 듯이 필자의 설명에 귀를 기울이고, 필자는 이러한 아이들 행동에 신이 나서 더 재미있게 이야기했다. 아내도 아이와 함께 듣고는 서양사 전공자가 언제 이런 것도 알게 되었는지 궁금해하고는 했다.

자리 잃은 고선사지 삼층석탑

이렇게 새롭게 방문한 경주의 돌탑 가운데 과거에는 보지 못했고, 느끼지 못했던 돌탑이 하나 있어, 오늘은 그 돌탑에 관해 이야기하려고 한다. 바로 국보 제38호 '고선사지 삼층석탑'이 그 주인공이다. 이 돌탑은 원래 내동면 암곡리(內東面 暗谷里) 고선사지에 있었는데, 절터는 산 중턱에 좁은 계곡을 끼고 평지에 있었다. 고선사는 기록상 언제 어느 때 정확하게 소실되었는지 알 수 없다. 사찰은 사라졌지만 웅장한 국보 돌탑은 홀로 남아 절터를 지키고 있었다. 그러나 1975년 경주 시민의 상수도와 농업용수 문제를 해결하기 위해 덕동댐이 건설되었다. 이 때문에 절터와 돌탑 역시 물에 잠길 위기에 놓이게 되었고, 이에 '고선사지 삼층석탑'은 원래 자기가 있었던 자리를 떠나 경주국립박물관에 터를 잡았다.

고선사지 삼층석탑

　현재 행정구역으로 볼 때 경주에 있는 국보 돌탑은 모두 10기이다. 실제로는 9개의 국보가 있는데 앞서 설명한 국보 제112호 감은사지 동서 삼층석탑이 하나의 국보이지만 실제로는 돌탑이 2기여서 돌탑의 수로 본다면 모두 10개가 있는 셈이다. 국보의 번호와 명칭 그리고 한자 이름을 살펴보면 아래와 같다.

연번	번호	명칭	명칭(한자)
1	제20호	경주 불국사 다보탑	慶州 佛國寺 多寶塔
2	제21호	경주 불국사 삼층석탑	慶州 佛國寺 三層石塔
3	제30호	경주 분황사 모전석탑	慶州 芬皇寺 模塼石塔
4	제37호	경주 황복사지 삼층석탑	慶州 皇福寺址 三層石塔
5	제38호	경주 고선사지 삼층석탑	慶州 高仙寺址 三層石塔
6	제39호	경주 나원리 오층석탑	慶州 羅原里 五層石塔
7	제40호	경주 정혜사지 십삼층석탑	慶州 淨惠寺址 十三層石塔
8	제112호	경주 감은사지 동·서 삼층석탑	慶州 感恩寺址 東·西 三層石塔
9	제236호	경주 장항리 서 오층석탑	慶州 獐項里 西 五層石塔

이 가운데 유일하게 자기 자리를 잃은 채, 경주국립박물관 정원의 구석에 자리 잡은 국보가 바로 '고선사지 삼층석탑'이다. 하루 수백 명의 관람객이 박물관을 방문하지만, 박물관 야외 구석에 있는 이 국보는 그 누구에게도 관심을 받지 못한 채, 자신을 알아주는 사람이 오기만을 기다리며 외롭게 혼자 서 있다. 더 안타까운 사실은 박물관 야외정원 중앙에는 이 국보 진품 돌탑보다 못한 짝퉁 석가탑, 다보탑 2기가 자리를 차지하고 방문객을 맞이하는 풍경이다. 이를 보고 있으면, 모조와 진품, 무관심과 관심, 모름과 앎이 종이 한 장 차이임을 느끼곤 한다. 거의 같은 시대에 제작된 것으로 추정되는 감은사지 동서 삼층석탑과 비교해 너무나 알려지지 않은 채 혼자 서 있을 뿐이다.

전국에 이런 국보가 얼마나 많이 있는지 조사를 해보지 못해 정확히는 알지 못하지만, 박물관 야외에 전시된 국보 돌탑 가운데 이런 대접(?)을 받는 돌탑이 과연 있을까 할 정도이다. 국보 제86호 개성 경천사지 십층석탑은 국립중앙박물관 실내 중앙에 당당하게 전시되어 방문자들에게 탄성을 자아내게 한다. 국보 제99호 김천 갈항사지 동서 삼층석탑과 국보 제100호 개성 남계원지 칠층석탑은 국립중앙박물관 야외정원에 다른 국보 및 보물들과 함께 어울려 전시돼 있다. 그런데 왜 유독 '고선사지 삼층석탑'만 야외에 혼자 뚝 떨어져, 그것도 짝퉁 돌탑보다 못한 자리에 혼자 덩그러니 서 있어야 하는지 필자로서는 전혀 이해되지 않는다.

경주국립박물관 배치도 (출처: 다음지도)

고선사지 삼층석탑의 진정한 가치

'고선사지 삼층석탑'은 우리나라 돌탑 제작 역사에서도 매우 중요한 위치를 차지하는 귀중한 문화유산이다. 흔히 동아시아에서 중국은 벽돌탑(塼塔)의 나라, 일본은 나무탑(木塔)의 나라, 한국은 돌탑(石塔)의 나라로 불릴 만큼 우리나라에는 돌탑이 많이 남아있다. 우리나라 돌탑은 현존해 있는 돌탑 가운데 가장 오래된 것으로 추정하는 목조양식의 국보 제11호 '익산 미륵사지 석탑'에서 시작해서 백제계의 돌탑과 신라계 그리고 삼국통일 이후 통일신라계 돌탑으로 나뉘어 제작되다가 '불국사 삼층석탑(석가탑)'에 와서 돌탑 최고의 완성점을 찍고, 서서히 기울기 시작한다. 이러한 긴 돌탑 제작의 역사에서 '고선사지 삼층석탑'은 통일신라시대 돌탑 가운데 제작 시기가 매우 앞서고, 동시에 '감은사지 삼층석탑'과 같은 시기에 제작되었거나 조금 앞선 시기

고선사탑(좌)과 감은사탑(우) (출처: 예술론)

로 추정되고 있어 돌탑 계보를 밝히는 데 매우 귀중한 불교 미술
사 자료이다.

'고선사지 삼층석탑'은 규모나 제작 수법으로 볼 때 감포 '감은
사지 삼층석탑'과 유사한 것으로 조사 결과 밝혀졌다. 이 탑의
전체 높이는 9m이며, 이는 철제 찰주를 제외한 감은사지 삼층석
탑과 같은 크기이다. 그리고 돌탑의 각 부분과 전체 돌탑의 비례
역시 동일하다. 그리고 돌탑 각 부분의 돌을 구성하는 방식과
사리 안치 방법도 같다. 두 돌탑 역시 돌탑 아래쪽 기단을 2층으
로 조성하고, 이 기단 위에 3층의 몸돌을 쌓아 올렸으며, 몸돌
각 표면에 목탑 형태의 기둥 모양을 새겨 놓은 탱주는 1층 기단에
3개, 2층 기단에는 2개가 있다.

고선사지 삼층석탑 1층 몸돌

그리고 몸돌 위에 있는 지붕돌(옥개석)에도 각각 4개의 다른 돌을 서로 붙였으며 지붕돌받침도 5단으로 같다. 두 탑간의 큰 차이는 탑의 몸돌 표면과 석재에서 발견된다. '고선사지 삼층석탑'은 2층 기단 위 첫 번째 몸돌 네 면에 모두 문틀 형태(門扉形)가 조각돼 있고, 금동판 같은 장식으로 치장한 것으로 추정되는 작은 못 구멍이 여러 개 나열돼 있다. 그리고 고선사지 삼층석탑은 제작재료가 화강암인 데 반해, 감은사지 삼층석탑은 석회암이어서 전체적으로 좀 더 어둡다.

국립경주박물관 야외정원

감은사지 삼층석탑은 삼국사기에 감은사의 창건 연도가 신문왕 2년 682년으로 기록돼 있다는 것을 근거로 통일신라시대에 제작된 돌탑으로는 가장 오래된 것으로 보고 있다. 두 돌탑 간의 많은 공통점이 있다는 사실을 통해 볼 때 '고선사지 삼층석탑' 역시 이 시기와 비슷한 시기에 제작된 것으로 보아도 큰 오류는 없을 듯하다. 특히, 삼국유사의 기록에 따르면 원효대사가 고선사에 머문 것으로 확인된다. 고선사 터에서 발견된 원효대사 행적비인 '서당화상비'(誓幢和上碑, 원효의 어린아이 때 이름이 서당(誓幢)이며, 서당화상비는 원효의 손자 설중업이 애장왕(재위 800~808)때 세운 원효의 일대기를 정리한 행적비)에 따르면 원효는 신문왕 6년, 686년에 70세로 입적한 것으로 되어있다. 이에 근거하여 686년 이전에 원효가 고선사에 머물렀고, '고선사지 삼층석탑'도 이미 제작돼 있었다고 추론할 수 있다.

물건이든, 사람이든 그 가치를 진정으로 알아주는 대상이 있을 때, 비로소 진정한 빛을 발한다. 경주국립박물관 관장을 역임한 강우방 교수는 그의 저서 『예술론, 미술과 역사 사이에서』에 '고선사지 삼층석탑'의 가치를 다음과 같이 표현하였다.

> 매일 아침 눈부신 태양 빛에 드러나는 고선사탑의 그 우람한 모습은 우리나라 사상사에 우뚝한 원효의 자태같다. 부재들을 두툼하게 다듬어 덤덤하게 쌓아 올려 의젓하게 만든 품에서 삼국을 통일한 신라인의 마음을 넉넉히 읽을 수 있다. 사실 탑은 그리 높지 않다. 그러나 그 넉넉함, 안정감, 우람함은 사람의 마음을 압도한다.

경주국립박물관을 방문하시는 모든 분께 박물관 야외 구석에 혼자 외롭게 서 있는 '고선사지 삼층석탑'에 꼭 가볼 것을 강력히 추천한다. 동시에 박물관 정원 중앙에 서 있는 2개의 짝퉁 돌탑에는 절대로 눈길조차 주지 말기를 권한다. 아무리 무대의 중앙에 있더라도 짝퉁은 짝퉁일 뿐, 결코 진품의 가치를 뛰어넘을 수 없다. 오늘도 '고선사지 삼층석탑'은 과거에도 그랬듯이 묵묵히 구석 자리를 지키며 오직 자신만이 낼 수 있는 명품 돌탑의 향기를 박물관 정원 구석구석으로 날리고 있다. 박물관을 방문하는 모든 이에게 이 애잔한 국보의 향기에 한 번 정도 취해보기를 진심으로 바란다.

배동이의 증명사진을 건네다

이미영

서남산 코스를 오르다

신라 소년을 짝사랑한 지가 서너 해다. 경주로 갈 때면 제일 먼저 경주시 내남면 포석로 502로 찾아간다. 경주 톨게이트를 빠져나와 쭉 직진하다가 포석정 표지판이 나오면 우회전을 한다. 소년은 배동 마을에 서 있는 석조여래삼존입상의 가운데 부처님이다.

처음 만난 날이 선명하다. 봄소식의 대표주자 보문호의 벚꽃이 맺히기도 전이었다. 언 땅을 뚫고 올라오는 파릇한 풀들이 겨울의 기운을 힘겹게 밀어내는 중이다. 남편이 경주에서 열리는 세미나에 참석한다기에 얼씨구 하고 옆자리에 탄다. 혼자 남산을 쏘다닐 자신이 없어서 경주 남산연구소의 탐방 코스를 훑어본다.

경주 남산은 금오산과 고위산을 합쳐서 부르는 이름이다. 바위마다 부처를 새기고 봉우리 끝에 탑을 쌓고 부처가 앉을만하다 싶으면 불상을 모셔서 산 전체가 불교문화센터이다. 서남산 코스를 신청하고 홀쭉한 배낭을 챙긴다. 겨우 오백 미터 높이도 안 되는 산이라고 물과 사탕 몇 개만 넣는다. 답사와 더불어 다이어트를 하겠다는 꼼수도 챙긴다. 이십여 년 전 남산을 가볍게 가로지르던 시절만 생각하고 오늘의 시름한 팔다리는 잊어버린 게다. 만일의 사태에 대비해야 한다고 언덕 같은 산을 오를 때에도 비상식량을 준비하는 남편에게서 홀가분하고 싶었던 게다.

첫 탐방지 배동 석조여래삼존입상을 감동 없이 지나친다. 짜리몽땅한 비율의 세 석조상이 한 세트로 얼어있다. 사방이 트여 휑한 보호각 아래에 그늘을 덮어쓴 모습이 날씨보다 싸늘했기 때문이다. 통자 몸매에 덩치는 어찌나 큰지 목을 빼고 올려다봐야 한다. 조각은 투박한 데다 몸의 비례는 엉뚱하고 얼굴의 윤곽도 알 수 없는 석불이라니. 임시 가림막 같은 보호각 아래에서 불상들의 안면은 흐릿하다. 어째서 보물 63호가 되었는지 이해할 수 없다. 썰렁한 지붕 아래 아이 모양의 부처가 때가 낀 것 같은 마른 이끼를 덮어쓰고 서 있다. 게다가 바로 앞에 놓인 불전함이라니…. 보호받는 문화재가 아니라 소년 가장이 떠올랐다.

2021.1월 10일에 갔더니 본존불 앞에 놓였던 불전함이 옆으로 옮겨져 있었다.

다음은 삼릉이다. 삼릉보다는 소나무 숲에 마음이 머문다. 배우 배용준이 직접 찍었다는 경주 화보 속 바로 그 숲이다. 소나무가 안개에 싸여 도장 같은 수피를 숨기고 있지만 사진에서 본 것처럼 아침 햇살이 나무 사이로 직진한다. 삼릉 옆에 산다뿐이지 신라 시대의 소나무가 아니다. 그런데도 역사 속으로 들어온 듯 아달라왕과 신덕왕, 경명왕 시대의 성골이 되어 비단 장삼을 걸치고 거닐고 싶다. 삼릉을 지나 조금씩 경사를 오르자 숨이 가빠지고 추위도 가시기 시작한다. 산은 아직도 능선을 고스란히 드러내는 겨울 모습이다.

마애관음보살상을 지나 석조여래좌상을 살피고 멀리서 석조 어쩌고 상을 바라볼 수 있다는 곳에서 헐떡인다. 이십 년 전 그때는 용장사지 삼층석탑 주위에서 팔을 벌리고 빙빙 돌았건만 오늘은 물 한 통으로 배를 채우고 사탕으로 위장을 속이자니 눈앞이 빙빙 돈다. 이런 게 식은땀인가 싶기도 하고 눈앞에 노란 동그라미들이 둥둥 떠다닌다. 바둑 바위인지 연꽃 판인지를 지나고는 그저 밑으로 내려가야 한다는 일념으로 사탕을 조금씩 입안에서 굴린다. 점심시간이 되었는지 처음 만난 동행들이 도시락을 부스럭거린다. 사과며 달걀, 김밥 등등 먹을 것이 속속 등장한다. 꾸르륵거리는 배처럼 쭈글쭈글한 배낭을 괜히 열었다 닫았다 한다. 견디기 힘든 냄새가 금오산에 진동한다.

참다못해 급한 연락이 와서 먼저 내려가야겠다고 안내자에게 말을 건넨다. 허연 얼굴빛을 살핀 그는 표지판을 잘 보고 가라고 신신당부를 한다. 서남산 주차장에 도착하면 문자 보내겠다고 약속하고 몰래 허기진 배를 움켜쥔다. 후들거리는 다리에 젖 먹던 힘을 보태며 기듯이 하산한다. 분명 하! 산! 이었다. 조릿대가 나타나고 이어 짜리몽땅 삼존불의 기와지붕이 보인다. 아침에 볼품없던 돌부처가 어찌나 웅장한지 하마터면 합장할 뻔했다. 한낮의 햇살이 지붕을 비집고 들어와 온화한 분위기를 연출한다. 생존 기념이자 무사 생환 인증용으로 삼존불의 보호각 기둥 위에 꽂힌 사진 한 장을 들고 온다. 텅 빈 가방에 돌부처 한 분을 모셨다.

경주남산연구소 김구석 님이
보호각을 씌우기 전에 찍은 사진

불상의 미소는 사라지고

포스트잇이 덕지덕지한 책상머리 맡에 돌부처 사진을 붙였다. 배동 석조여래삼존입상 중 가운데 불상의 증명사진이다. 부처님을 모시고 온 줄 알았는데 귀여운 소년이 장난스레 웃고 있다. 엄마가 카메라를 들이대는데 허리춤에 든 작은 장난감을 가지고 꼼지락거리는지 눈을 내리깔고 키득거리는 모양새다. 햇살을 받아 입꼬리에 옴폭 미소 그림자가 패였다. 왼쪽에서 들어오는 빛이 사각형 얼굴을 궁굴리고 입술의 양감을 북돋운다. 이른 봄 그늘진 전각에서 시퍼렇게 얼어있던 육중한 석조불상이 요렇게 예쁜 얼굴을 하고 있었다니. 보호각이라고 지은 집이 어두운 그림자를 드리워 불상의 미모를 해치고 있구나.

통통한 얼굴에 두툼한 눈두덩이, 포동포동한 볼때기를 이리저리 살피다가, 어라! 우리 둘째를 닮았구나. 녀석이 서너 살 무렵 한참 유행하던 스티커 사진을 찍겠다고 사진 통에 들어갔다. 작동법도 모르면서 "내가, 내가"를 외치며 오만가지 단추를 눌러댔다. 재미있다고 깔깔거리다 우연히 찍힌 사진이다. 눈을 내리깔고 신나서 웃는 모습이 천진하다. 제 얼굴을 떼어 할머니 손등에 붙이고 이모 가방에 선물하듯 붙여주다가 내 지갑에 버리듯 붙인 것이 지금까지 남아있다. 이십 년이 지나도록 고이 모셔두고 볼 때마다 웃는다. 아무 근심 걱정을 모르는 얼굴이 엄마를 자동으로 웃게 만든다.

웃는 부처석상이 없는 것은 아니다. 백제의 미소로 알려진 서산 용현리 마애여래삼존상은 온화한 미소를 지어 부처의 향기를 뿜는다. 경주 사람들에게 삼화령 애기부처라고 불리던 경주 남산 장창곡 석조미륵여래삼존상도 귀여운 미소를 품는다. 배동 석조여래삼존입상의 본존불처럼 천진하게 웃는 모습은 볼 수 없다. 다들 불경 한 두 권은 익힌 듯 가지런한 모습이다. 대체 해탈과는 거리가 먼 얼굴로 인간 세상의 온갖 번뇌를 끊겠다는 작정은 누가 했을까. 이 배동 소년 불상의 조각가가 궁금해진다.

배동 석조여래삼존입상은 모두 4등신의 어린이 형상이다. 중국 북주에서부터 수나라 때까지 유행하던 형태라고 한다. 600년 무렵 수나라에서 유학하던 원광법사가 진평왕의 간곡한 요청으로 11년 만에 돌아온다. 금의환향하는 유학승의 귀국 보따리에 불경과 불상이 함께 왔으리라 추측한다. 수대의 불상을 살펴보면 4등신의 어린이 형태이지만 어엿한 부처님의 모습을 하고 있다. 인간사의 번뇌를 알고 수행하는 내면이 드러난다. 문명대 선생은 단순하고 소박하며 친근하게 느껴지는 어린이 형태의 불상이 수입되어 보다 친근하고 생동감 있게 표현된 대표적인 작품이 배동 석조여래삼존입상이라고 한다. 배동의 이 석조상은 7세기 초 삼국시대 신라 조각사에 새로운 양식을 보여주는 대작이라고 높이

평가한다. 수나라에서 수입한 불상을 보고 배웠어도 신라 장인의 손끝에서 신라화하여 새로 태어난 것이다.

배동에 서 있는 석조상의 가운데 불상과 배동 소년의 증명사진은 마치 다른 두 조각상 같다. 이 석조상은 남산 자락에 쓰러져 있던 것을 1923년에 수습하여 이 자리에 세웠다. 원래 불당 안에 모셔졌었는지 야외에 서 있었는지 확인할 수 있는 자료는 발견되지 않았다. 일으켜 세운 뒤에는 남산의 다른 불상들처럼 밖에서 지냈다. 1988년에 이끼와 바람에 의한 훼손을 염려하여 보호각을 설치했다. 이후 석상의 마모와 훼손이 줄어들었다는 보고가 있다. 그러나 보호각의 설치로 조도가 떨어져서 불상의 조형미가 많이 사라졌다는 보고서도 읽었다. 사진 속 불상의 미소는 아무리 찾으려 해도 찾을 수 없다. 보호각과 함께 시야에서 사라져버렸다.

보호각이 씌워지기 전의 모습. 본존불의 미소가 멀리서도 보인다.
(출처: 한국민족문화대백과사전)

신라의 석공은 아들을 조각하고

그래서 그렇구나. 배낭에 넣어 온 사진은 마당에 선 예전 모습이다. 햇살이 쏟아져 귀여운 얼굴에 옴폭한 미소 자국과 두둑한 눈두덩이의 개성이 살아있다. 첫인상은 낯빛이 어두운 소년 가장이었고 매일 보는 소년의 사진은 햇살 아래 생기가 반짝인다.

첫 만남 이후 경주를 더 자주 간다. 책상머리의 소년을 보고 따라 웃다가 고마운 마음이 든다. 둘째 녀석이 앞날을 정하지 못해 고개를 떨어뜨리고 다닌다. 어미 마음에 속을 끓이다가 책상머리 맡의 배동 소년을 보면 얼굴이 저절로 펴진다. 배동 소년은 저를 닮은 아들이 "내가, 내가"하며 신나던 그때처럼 금방 웃게 되리라고 말 없는 미소로 응원하는 것 같다.

그러다가 행여 배동 소년의 미소를 실제로 볼 수 있을까 하여 자꾸 찾아간다. 봄이면 환하게 웃을까, 여름에는 햇빛에 얼굴이 펴질까, 뉘엿한 가을 햇살에는 미소가 번질까 하는 기대로 만나러 간다. 겨울에는 한데서 떠는 아이를 볼 용기가 없어 차마 가지 못한다. 언제 가도 지붕만 얹은 집이 소년의 얼굴을 다 가려버린다. 봄에도 여름에도 가을에도 소년의 증명사진 같은 얼굴을 보지 못했다. 보호각 주위를 어슬렁거리다가 신발을 벗고 들어가 바짝 붙어 쳐다본다. 278cm의 장신이라 똑바로 쳐다볼 길이 없다. 한참을 어슬렁거리다가 하는 수 없이 기둥에 붙은 작은 함에서

"나라도 가져가"라고 속삭이듯 웃고 있는 소년의 증명사진을 꺼내 가지고 돌아올 뿐이다.

완벽한 신라 조각을 보려면 석굴암 본존불 앞에 가면 될 것을, 천진한 어린이 불상이 보고 싶으면 삼화령 애기부처를 만나러 경주 국립박물관을 가면 쉬울 일을, 사진 한 장에 반해서 보이지도 않는 미소를 찾으러 배동으로 가고 또 간다.

자꾸 보면 안 보이던 것들이 보이나 보다. 어린이 형태의 불상을 깎은 이유가 살며시 드러난다. 해맑은 미소를 새긴 까닭을 알 것 같다. 세상사 번뇌의 고리는 끊어질 리 없다. 잠시 사라졌다가 길게 이어진다. 잠시가 자꾸 이어져 시간이 되게 하면 될 일이다. 천진한 미소를 보며 손을 모으다 보면 그리될 것 같다.

신라의 조각가는 원광법사가 지니고 온 불상을 먼빛으로 보았겠다. 까막눈이라 불경을 읽을 수는 없어도 천년이 가도 변하지 않을 불심은 새길 수 있었으리라. 수나라 불상을 생각하며 정을 들었지만, 손은 자신의 아이를 닮은 소년으로 다듬어갔으리라. 자꾸 합장하게 만드는 부처님이라면 보아도 또 보고 싶은 어린 아들의 얼굴이어야 한다고 본심이 이끌었을 것이다.

내 마음도 자꾸 우긴다. 책상머리 소년의 미소를 보듯 아들을 바라보고 오롯한 기도를 드린다면 고민은 옅어지고 웃음으로 바뀔 것이라고. 길게 이어지는 번뇌의 고리도 헐거워질 일이라고. 그래서 경주시 내남면 포석로 502로 자꾸 발길을 옮기게 된다.

그저 짧고 몽땅한 비율의 돌덩어리였다가, 순박한 신라 도공의 기원이었다가, 앞날의 갈피를 잡지 못하는 내 아들이 되기도 한다. 세월에 쓰러지고 남산 자락에서 뒹굴다가 다시 세우고 싶은 형상이 된 오늘에 고개가 끄덕여진다. 자식 같은 아이 부처라서 자꾸 찾아와 쓰다듬었나 보다.

불국사를 돌아본다. 황룡사지를 걷는다. 불국토의 형상화에 놀라고 가늠이 안 되는 크기에 압도당한다. 그래도 마음을 어루만져주는 장소는 천진한 어린이의 미소가 머무는 곳이다. 샘솟는 위로를 주는 얼굴은 책상머리 밑에 붙어서 근심을 모르는 미소를 머금은 배동 소년의 증명사진이다. 외딴곳 남산 어귀에서 어울리지 않는 보호각을 얹고 있지만 본 모습은 여전히 불심으로 태어난 신라 소년이다.

아들의 스티커 사진을 보다 배동이의 증명사진을 본다. 따라 웃는다. 웃음밖에 모르는 신라 소년의 사진을 건네고 싶어진다. 같이 웃게 될 거라고 배동이의 증명사진을 건넨다.

금장대: 예기청소와 암각화를 품다

유명자

금장대 언덕: 세 겹 물회오리처럼

가슴이 탁 트인다. 마음도 하늘만큼 넓어진다. 경주 석장동 금장대(金藏臺) 언덕에 올라 시내와 주위 풍경을 바라본다. 시공간을 달리한 듯 잠시 일상을 잊는다. 타임머신을 빌릴 필요도 없이, 현재, 과거, 미래는 지금 공존한다고 하지 않는가. 이 작고 아담하기 이를 데 없는 언덕은 세 단으로 겹겹이 압축된 역사적·미적 찬란함이 서로 용쟁호투의 기를 뿜는 곳이다. 언덕을 둘러싼 세 가지 명물은 바로 발아래 세 겹 소용돌이의 핵을 연상하게 한다.

첫 번째 명물은 금장대와 그 언덕 일대이다. 이 지점은 예부터 금장동(洞)이나 절 혹은 어떤 장소 이름으로 전해오며, 신라 시대부터는 왕의 놀이터로 사랑받은 곳이다. 더불어 형산강 팔경 중 금장낙

안(金藏落雁)이라 하여 날아가는 기러기도 감동하여 쉬어갈 만큼 멋진 풍광을 자랑했다. 시간이 흘러 지금은 물도 아주 얕아져 옆에 형산강 북천과 서천이 만나는 예기청소(藝妓淸沼) 물 구비도 예전 같지는 않다. 그러나 시대마다 칭송되어 오늘도 여전한 그 미는 이미 조선시대 만주(晩洲) 정창주의 <금장대에서>라는 시에도 잘 나타나 있다.

(…) 예쁘면서도 멀리 난 골짜기는 올비녀처럼 벌려있네
바람은 보리 언덕을 돌아 푸른 물결을 따르고
이슬을 머금은 향기 나는 술통의 술을 기울이네
내려와 깨끗한 모래 위를 거닐며 오랫동안 풍경 만끽하니
한 시내의 물고기와 새가 모두 내 마음을 아네

금장대

미는 종교적 삶과 죽음으로도 승화되는 바 금장대 언덕을 둘러싼 두 번째 명물은 선사시대 암각화이다. 바위에 새겨진 그림과 형상들은 정자를 오르는 길 중간에서 우측으로 갈라지는 길을 따라 일 분 정도의 거리에 있다. 강을 낀 그 오솔길의 탁 트인 막다른 골목에는 지적 깜짝쇼가 기다린다. 현기증 나도록 아득한 청동기시대 암각화가 새겨진 바위의 출현이다. 이는 경주인들이 한국 고대로부터의 예술과 언어적, 지적 유산이 어린 땅에 살고 있다는 긍지를 가질 근거가 된다. 아울러 이러한 고대의 지혜는 예를 들어 태국과 미얀마 국경지대 라후(Lahu)족 등에 의해 공용 표기어로 채택된 한글의 도형미와 실용적 가치에도 직·간접적으로 면면히 이어옴을 볼 수 있다.

금장대 올라가는 갈림길

그런가 하면 신라 20대 자비왕(재위 458~479) 때는 모화라고 알려진 기녀가 언덕에서 실수로 떨어져 물에 빠져 죽었다고 한다. 우리 시대에도 물놀이 사고로 얼룩진 이 언덕 발치는 그래서 이름도 아기들이 빠져 죽은 곳이라 하여 예기청소 대신 애기청소라고 불리기도 하는데 이것이 금장대 언덕의 마지막 특기할 만한 일이라 할 것이다. 이렇듯 예사롭지 않은 이곳의 기(氣)와 지형적 특이성은 과연 작가 김동리의 예리한 눈에도 벗어나지 않았고 「무녀도」의 주요 배경이 되었다.

실은 필자의 첫눈에는 정면 다섯 칸, 측면 세 칸의 기둥으로 받쳐진 금장대의 지붕이 기둥과 비례가 맞지 않게 살짝 크고 무겁게 잡힌 듯한 느낌이 들었다. 그래서 그 시대에는 저러한 건축 양식이 있었거니 했었는데 다시 생각해 보니 이는 의도했건 아니건 오히려 신의 한 수일지도 모른다는 예감이 든다.

오히려 그 커다란 지붕은 보면 볼수록 건물이 바로 밑에서 요동치고 있는 물길에서 벗어나는 묵직한 비상의 몸짓을 연상시킨다. 그렇게 지붕이 크게 보이지 않았더라면, 과연 전설의 기녀처럼 금장대 자체도 그 아래의 물길에 빠져들어 가는 양상이 될 뻔했을 거라는 느낌이 든다. 아니나 다를까 정자는 이제 무지갯빛 휘황찬란한 야경 조성이 완성되어 비상의 멋을 한껏 더 부릴 수 있게 되었다.

앞으로 이 글에서도 보게 되듯 금장대가 미와 지, 축제의 장이면서도 석연찮은 죽음 충동과 익사 사건이 공존하는 안타까운 곳인 만큼, 2012년 9월에 유치된 제78차 국제 펜 대회를 비롯한 풍부한 시민 예술 공연들은 이 자리를 더욱 긍정의 생기로 채우는 무척 의미 있는 일이라 하겠다. 앞서 그 터는 예사롭잖은 기가 서린 곳이라 하였다. 마지막 방문했을 때 우연히 금장대 바로 뒤편의 몇 고분과 연결되는 소나무 오솔길을 10분이 채 될까 말까, 잠시 산책하고 깜짝 놀랐다. 앞이 너무 선명하게 보여 거듭 안경을 쓰고 있는 줄 알고 손을 그리로 가져갔다. 강력 피톤치드로 꽉 찬, 숨겨진 오솔길 산책도 적극적으로 추천한다.

금장대 일대를 더욱 다양하고 풍부한 볼거리 제공지로 만드는 것 중 한 가지 더 부각하고 싶은 것이 있다. 정자로 올라가기 바로 전, 우연인 듯 만나 기분 좋은 놀라움을 선사하는 나룻배 한 척이 그것이다. 옆에 강이 있기는 하지만 그래도 정자를 보러 왔다가 마주치는 기대 이상 뜻밖의 배는 오히려 신선함을 선사한다. 그것은 작은 파격을 부르는 가운데 수풀과 어우러져 존재 의미를 과시하고 있다.

오뉴월의 나룻배는 웨딩드레스, 레이스, 양산, 리본 밀짚모자 등, 화가 모네(Claude Monet 1840~1926) 풍을 딴 낭만 의상 연출이면 삶의 돛단배 출정 기념을 위해 맞춤화되어 있다. 신부는 가서 그냥 앉기만 하면 소위 '인생샷'이 완성된다. 많은 사람이 사진을 찍기 위해 줄을 서서 기다려야 할 정도로 인기 높은 곳이다. 결혼 커플이나 사진 애호가는 물론 누구라도 이 나룻배 덕분에 금장대 방문의

나룻배 (출처: 경주시청)

가치를 열 배는 더 찾을 수 있을 것이다. 이제 필자는 인터넷에 흔한 정보를 떠나, 알게 모르게 추락·자살 사고를 연출하는 예기청소와 그 작고 아담한 언덕 허리춤에 간직한 선사시대 암각화에 대한 사유를 우리 정신 활동과 좀 더 깊이 연관시켜보고자 한다.

예기청소

빅뱅의 구멍을 연상시키는 물의 소용돌이는 더욱 그렇지만, 단순히 흐르는 것만으로도 물에는 묘한 이끌림이 있다. 그 나선형의 핵을 물끄러미 바라보고 있노라면 '일본 복고양이' 인형의 자동 팔에 끌린 듯 인간은 유혹에 빠져든다. 어서 이리로 들어오라는 손짓처럼, 종래는 그리로 가고픈 욕망이 생긴다. 왜 그럴까.

물의 흔들림, 물 자체의 몽롱함을 넘어 인간과 의미 세계에 대해 좀 더 깊이 천착해본다. 이는 자기도 모르는 사이 일어날 물과의 오인적 합일을 예방하기에도 좋을 것이다.

모든 행위와 사고는 반복할수록 차이를 유발하며 사물과 의미 사이를 떼어놓게 되는 틈을 생기게 한다. 예를 들면 어느 화가가 저녁에 빵 가게에 들렀을 때 주인이 진열대 맨 앞쪽에 있던 빵을 주려고 하자 단연코 거절했다고 하자. 왜냐하면 온종일 오가는 손님들의 시선에 반복적으로 노출된 것 같은 그 빵은 이제 그에게는 더는 먹을 빵으로 보이지 않았기 때문이다. 사물에 특별히 민감한 눈을 가진 화가의 마음에서 빵은 한 번 보임을 당할 때마다 빵으로써의 질감을 잃으면서 무화(無化)되어 가고 있었다.

이와 마찬가지로 물의 반복 소용돌이를 거듭 바라보다 보면 그 반복은 어느 순간엔 사유를 점점 엷어지게 만든다. 종내에는 백지 같은 무(無)의 공간, 뭐라 표현할 길 없이 단지 텅 빔이라고밖에 말할 수 없는 여분의 공간이 형성된다. 반복되는 명상에서 일어나는 현상과도 비슷한 이런 영역은 일명 비어있는 듯하지만, 아무것도 없는 것은 아닌 바로 그런 기묘한 역설적 공간이 된다. 그러니까 이 영역은 그 무엇도 결정 불가능한 장소로써 불가능과 가능성이 똑같이 가능한 장소가 된다. 이곳은, 일 더하기 일은 다른 여분 다 잘라내고 꼭 이(2)만이 답이 되기를 고집하는 이른바 일반 과학이 넘볼 수 없는 곳, 불가능-가능이라는 인문학에 고유한 기적의 영역이다.

예기청소 (출처: 다음카페)

　하지만 아쉽게도 인간은 이 공간 앞에서 가능의 충만보다는 빈허전함을 더 자주 느낀다. 왜냐하면 그는 이 세계라는 '있음' 앞에서 역설적이게도 '없음' 쪽으로 비대칭적으로 침잠하기 때문이다. 물의 반복 형태가 주는 이러한 텅 빈 공간을 인간은 예기치 않은 순간에 불현듯 맞닥뜨린다. 평소에는 잘 지내다가도 갑자기 친구나 애착하던 사람이 떠났을 때, 물질적·정신적 대(大) 상실의 경험은 근원적 상실에 대한 기억을 불러일으킨다. 이는 물이나 다른 어떤 텅 빈 상실과 왜곡된 합일을 추구하는 죽음 충동을 부추긴다.

　이때 초자아가 몰아붙이는 죄책감이나 양심의 가책을 받으면 이 상황은 더욱 절망적인 퇴행으로 진행된다. 그러다 불가능이 가능과 교통하듯이 무한 텅 빔에 충만을 부여하게 되고, 마치 그 거대함이 부르는 (목)소리가 들리거나 환영이 보이는 듯 여겨진다. 상실이 남긴 텅 빔은 안정감을 주지만 그것은 미혹적 안정감일 뿐이다. 인간은 무의식적으로 그런 이중적 향락과 원초적 합일을 이루고자 한다. 그래서 딴에는 긍정적으로 노력한다는 것이 결국은 그렇게 베일일 뿐인 충만함의 공허한 너울에 몸을 던져 화답하는 것이 되고 만다.

어쩌면 그것은 한 끗 차이로 가능의 공간이 될 수도 있었겠지만, 마음이 아픈 사람들에게는 그렇게 불가능의 공간으로 남는다. 그들은 텅 빔과 조우해버리고 만다. 친구나 부모가 돌아가시는 상실이 있어도 어려운 가운데 잘 견디는 사람이 있는가 하면, 극단적으로 그렇지 못한 사람도 있다. 후자에 있어서 문제는 상실에 대한 책임을 자아 스스로에 지우기 시작하는 것. 결국 사랑/생의 에너지는 방향 전환하여 자기비판/죽음의 에너지로 돌변한다. 그래서 자신이야말로 죽어 마땅하다는 논리로, 자기 파괴 단계로 퇴행·사라질 위험이 있다.

우리가 상황을 이성적으로는 알고 있어도 정신이란 완전히 자발적으로 조정하기 어려운 일이라는 점에서 특히 주위의 따뜻한 소통이 더욱 중요하다. 그럴 때는 관심을 딴 곳으로 돌리게 한다. 정신 에너지가 고이지 않고 계속 흐르도록 해야 함을 기억하면 필요한 때 누구나 도움을 베풀 수 있다.

청동기시대 암각화

앙증맞고도 위대한 언덕, 금장대 바로 밑에는 또 하나의 보물
이 있는데 바로 암각화이다. 새겨진 형상들은 오랜 세월에 마모
되어 잘 판독할 수는 없고 그 옆에 있는 또렷한 그림 안내판을
우선 읽어본 후 다시 바위로 와보면 더 확실하게 감상할 수 있다.

경주 석장동 암각화

꽃 모양이나 동물 발자국을 닮은
형상들, 추상적 도형들, 물고기 그
리고 한국에 고유한 방패형 무늬 등
이 새겨져 있다. 이 문자들이 무슨
의미로, 어떤 형식으로 사용되었는
지는 아직 완전히 알 수 없다. 그러
나 학교에서 배우기도 했던 고대 알

암각화 안내판과 물고기 형상

타미라 동굴의 벽화나 그 외 선사시대 그림들에서 우리는 다산(多産)과 농작물의 풍요를 위한 주술과 종교적 의미를 읽어 왔다.

벽이나 바위의 고대 예술에 대해 오래된 동·서양 사상이나 현대 정신분석은 우리가 잊고 있는 시각 작동에 대해서 통찰력 넘치는 의견을 제시해준다. 그에 따르면 인간의 시각 작용은 단지 본다는 일방적 행위가 아니다. 그것은 보고 또 보인다는, 시선과 응시의 관계로써 파악되어야 한다. 그렇듯 우리의 생물학적 눈은 응시 없이 시선 하나만 가지고는 눈이 있어도 보지 못할 것임을 나타내고 있다.

우리는 매일 그야말로 어느 학급의 급훈이 말하듯이 '엄마가 보고 있다'라는 거대 존재의 응시에 복종한 채 살아가고 있는지도 모른다. 우리를 주시하는 어떤 응시가 24시간 우리 주위를 감싸고 있으므로 그것을 의식할 때는 제 눈을 쓰지 못하고 응시의 눈을 자기 것으로 받아들일 것이다. 눈이 어떻게 보는지, 사물이 어떻게 보이는지, 눈은 읽기를 배우면서 본다는 게 무엇인지 잊어버린 듯하다.

아마 선사시대 인류의 눈은 횅한 황야에서 어디선가 날아오는 화살 같은 응시의 두려움에 몸을 떨었을 것이다. 그것은 대개 나보다 더 강한 초자아의 감시 어린 악한 응시와 관련이 있다. 우리도 가끔 혼자 있으면 괜히 누군가 악의로 엿보고 있지나 않을까 하는 의심 반 두려움 반, 무시로 사방을 두리번거리기도 하는 이유가 그것이다. 현대인보다 더한 공포를 느꼈을 원시 인류는 사방에서 침입하는 화살처럼 사악한 어떤 응시의 눈길을 잠재우기 위해 동굴의 벽이나 바위에 그림을 그려야 했다고 정신분석학은 말한다.

그러니까 두려운 응시를 방어하고 견디기 위해, 그것을 어르기 위해 아름다운 꽃을, 옷과 방패를, 여성의 나체를, 물고기와 다른 풍성한 제물을 그려놓고 바치기도 했을 것이다. 그런 도형 암각화를 쪼아 새기는 끝이 닿은 곳마다는, 공포와 성스러움의 응시들이 내리꽂히던 곳이었을지도 모른다는 생각을 설득력 있게 만든다.

누가 보는가

보기 위해 진정 눈은 물러서야 한다. 아니, 눈은 이미 항상 응시에 사로잡혀 있다. 그래서 두려워진 그는 '나를 보는 대신 이걸 봐주세요'라며 인격화된 응시에게 뭔가 볼거리를 내놓아야 (donner-à-voir: give something to see) 하는 운명에 처해 진 것이다. 그래서 암각화 자체가 제물에 쓰였다면, 오늘날과 같은 먹거리 상차림에 못지않게 신적인 존재가 흠향할 볼거리 상차림을 내놓아야 했을 것이다. 이런 의미에서 암각화 바위는 진정한 제대(祭

臺)가 된다. 오랜 세월 동안, 사고의 여운을 남기며 암각화는 거기 서 있다.

먼저 보임을 당함이 없이는 봄도 없다. 인간은 거기서 출발하 여 스스로 보기를 익혀야 하는 운명에 처해 있다. 이 견해는 초현 실주의 화가 마그리트(René Magritte 1898~1967)도 그의 그림, <금 지된 복제>에서 동의하고 있다. 그림 속 주인공은 자신의 응시를 영원히 만나지 못한다. 봄과 보여짐은 그렇게 서로 은폐 유희를 하다가 들킬 때가 되면 '잘 하던 짓도 멍석 깔아주면 안 하듯' 숨어버린다. 시선과 응시는 결코 교차할 수 없다고 한다. 나는 나를 바라보는 자를 못 볼 것이다. 누가 보고 있는가.

3부 사유, 경주를 생각하다

동학, 재가녀 아들의 새로운 세상 만들기

류동일

경주의 또 다른 이미지, 동학

경주(慶州)라고 하면 무엇이 떠오르는가? 어떤 이들은 불국사, 첨성대, 석굴암, 성덕대왕신종(에밀레종으로 더 유명한) 등을 거론하며 신라의 수도라고 말한다. 그리하여 신라를 통해 이룩한 고대문명의 '과거'에 집중한다. 또 다른 이들은 사람들이 많이

용담사 내부 최제우 초상화

찾는 황리단길을 거론한다. 이것들 모두 경주의 매력이다. 그런데 이것뿐만 아니라 경주에는 정신적 차원에서 우리에게 의미를 전달해

주는 움직임이 존재한다. 바로 동학이 출발한 지역이라는 것이다.

동학을 창도한 최제우와 2대 교주 최시형 모두 경주에서 태어 났다. 최제우는 19세기 중반 극도로 혼란스러운 당대 사회에 대 한 새로운 해답을 제안했다. 또한 자신이 내세운 해답을 실현하 려다가 기존 질서의 반대에 부딪혀 만 40세가 채 되지 않은 나이 에 처형당했다. 그러나 최제우가 내세운 사상 체계는 그와 동향 인 2대 교주 최시형을 통해 더욱 발전해 나갔다. 결국 경주 태생 인 최제우와 최시형을 통해 동학이라는 자생적이면서도 현대적 인 사상 체계가 완성되었다. 여기서 경주에 대한 새로운 이미지 를 만들어낼 수 있지 않을까. 이런 점에 착안해 이 글에서는 동학 의 1대 교주 최제우의 삶과 그가 내세운 동학이라는 사상에 주목 해 보았다.

돌이켜 보면 최제우와의 만남은 2009년에도 있었다. 2009년 5월 방정환에 대한 석사 논문을 작성하고 있을 때, 천도교 신자로 서 방정환의 사상적 배경을 추가하라는 한 심사위원의 권고에 따라 최제우의 『동경대전』을 급하게 읽었다. 학위논문이라는 통 과의례 때문에 이루어진 이 의도하지 않은 만남은 흥미로웠다. 하지만 주된 관심사가 아니어서였을까. 그 흥미는 지속되지 못한 채 점차 사그라졌고, 그 이후 최제우를 잊고 살았던 것 같다. 2021 년 새해 이 글을 쓰기 위해 경주에 대한 어떤 이야기를 들려줄까 고민하다가 2009년 최제우와의 만남이 떠올랐다. 어쩌면 이 글은 기억의 한편에 남아있던 20대 후반(정확하게는 29세) 최제우와의 만남의 순간을 끄집어낸 짧은 스케치일지도 모른다.

깨달음의 장소, 용담정

최제우는 1824년 경주 최씨들이 집성촌을 이룬 경주 현곡면 가정리에서 아버지 최옥과 어머니 한씨 부인 사이에서 태어났다. 최옥은 몇 대째 벼슬을 지내지 못했지만, 영남학파의 계보를 이어 경상도 일대에서 유명한 선비였다고 한다. 최옥은 입신양명의 꿈을 실현하기 위해 과거에 몇 차례 응시했으나 매번 낙방했다. 극심해진 세도정치의 영향으로 과거 역시 대리 시험이 성행했던 당대 상황에서, 최옥의 낙방은 어쩌면 당연한 결과였다. 그리하여 영남학파의 계보를 계승했다고는 해도 지방의 선비에 불과했던 최옥의 꿈은 좌절된다. 결국 최옥은 50세 이후 입신양명의 꿈을 포기했다. 최옥은 아버지에게 물려받은 정자에 '용담'이라는 이름을 붙이고, 자신을 '산림처사'로 자처하며, 고향에서 제자를 가르치면서 한가롭게 지냈다. 그러다가 최옥은 남편을 잃고 과부로 지내던 한씨 부인과 결혼해 환갑이 지난 나이에 최제우를 낳았다.

최제우는 아버지에게서 정통적인 성리학 교육을 받았으나 입신양명에는 큰 꿈을 가지지 않았다고 한다. 이는 그의 아버지 최옥과 다르다. 과거에 계속 응시했다는 사실에서 드러나듯이 최옥은 성리학적 이념을 중앙 정계에서 실현하겠다는 당대 유학자들의 관념을 그대로 고수하고 있었다. 이와 달리 최제우는 입신양명이라는 유학자의 길을 선택할 수 없었다.

복원된 최제우 생가 전경

이는 아마도 '재가녀의 아들'이라는 태생적 한계 때문이었을 것이다. 당시 '재가녀의 아들'에게는 문과에 응시할 자격이 부여되지 않았다고 한다. 그리하여 최제우는 '서자'와 비슷한 지위에 놓여 있었다. 이런 처지에 대한 자각 때문에 최제우는 입신양명에

뜻을 두지 않은 채 어린 시절을 보냈을 것이다. 어쩌면 이때부터 최제우는 자신의 태생적 한계를 자각하고 기존의 가치 체계에 대해 의문을 조금씩 가지기 시작했을지도 모른다. 더 나아가 '재가녀의 아들'이라는 태생적 한계 때문에 최제우는 역설적으로 유학자로서 자신을 제한한 아버지의 한계를 넘어설 수 있지 않았을까.

최제우는 10세에 어머니를 여의고 17세에 아버지를 여읜 후 생계가 막막해지자 장사꾼이 되었다. 21세에는 세상 풍속을 살피며 올바른 도를 발견했다는 뜻을 품고 세상을 떠돌아다녔다. 최제우는 이를 통해 당대의 혼란을 구체적으로 확인하게 된다. 그러면서 이러한 혼란한 시대에 맞는 대응책을 모색해 나갔다. 이 과정에서 최제우는 종래의 가치 체계인 성리학으로는 이 혼란상을 극복할 논리를 찾을 수 없으며, 서학 역시도 정확한 답이 될 수 없음을 발견한다. 이처럼 최제우는 세상을 떠돌아다닌 경험을 통해 종래의 논리들을 비판적으로 접근해 나갔다. 또한 기존과는 다른 방향의 새로운 해답과 사상이 필요하다는 것을 깨달았다.

1859년 최제우는 고향으로 돌아왔다. 이는 일차적으로 보면 현실적 차원에서 진행된 판단이었다. 최제우는 아내와 가족들(최제우는 13세에 결혼해 이때 이미 두 아들과 두 딸이 있었다고 한다.)을 먹여 살리기에는 일가친척의 도움을 받을 수 있는 고향에서 지내는 것이 좋으리라 판단했던 것 같다. 게다가 고향에는 아버지가 물려준 용담정이 있으니 수양하는 데도 유리하리라고 생각했을 것이다.

그런데 취제우의 귀향에 대해 다른 접근도 가능하다. 동학이라는 사상을 형성하는 과정이라는 점에서 보면, 최제우의 귀향은 세상을 떠돌

용담정에서 바라보는 바깥 풍경

며 외부의 현실을 관찰하던 첫 번째 단계에서 한 걸음 더 나아가 자기 내부로 그 사상 체계를 심화시키기 위한 도약의 단계가 된다. 고향으로 돌아온 최제우는 용담정에서 수련을 계속했다. 이 수련은 자기 내부로 들어와 당대의 혼란스러운 시대상을 구할 논리를 탐색하려는 차원에서 진행되었다. 이때 최제우는 자신의 이름을 '제선'(濟宣)에서 '제우'(濟愚)로 변경한다. 이는 최제우가 자기 삶의 방향성을 '어리석은 사람을 구해준다'라는 것으로 규정했음을 뜻한다. 이를 위한 수련을 진행하다가 그것이 충분히 축적되었을 때 최제우는 신내림과 같은 종교적 체험을 하게 된다. 이를 통해 용담정은 경주 최씨에게 물려준 개인 정자라는 공간에서 벗어나 동학이 탄생한 출발지가 되었다.

최제우는 『동경대전』 「논학문」에서 용담정에서의 종교 체험을 서술한 후, 한울님이라는 신적 존재가 자신을 향해 "나의 마음

이 바로 너의 마음"(吾心卽汝心, 이 글에서 『동경대전』 한문 원문을 인용할 필요는 없을 것 같다. 따라서 『동경대전』 인용은 윤석산의 한글 주해본을 참조했다.)이라는 말을 건넸다고 언급한다. 이를 통해 최제우는 한울님과 인간인 자신이 같은 마음을 가지게 되었음을 밝히고 있다. 여기서 최제우는 인간이 수련을 통해 신적 존재인 한울님과 같은 생각에 도달할 수 있음을 강조한다. 그럼으로써 최제우는 어떤 인간도 한울님과 같은 존귀한 존재라는 생각을 표현했다.

이후 최제우는 자신이 체계화한 사상을 삶으로 실천해 나가게 된다. 최제우는 집에서 부리던 하녀 중 한 사람을 수양딸로, 다른 한 사람을 자신의 며느리로 삼음으로써 누구나 '한울님'과 같은 신적 존재로 존귀하게 받아들여질 수 있다는 깨달음을 실천했다. 또한 최제우는 자신의 깨달음을 수용한 사람들을 조직하여 동학 교단을 형성해 나갔다. 그리고 그들 중 학식도 뛰어나지 않고, 머슴살이 경험도 있는 최시형을 자신의 후계자로 선정하여 신분에 기초한 후계 구도에서 벗어나는 태도를 보여준다.

하지만 이러한 최제우의 시도는 신분에 따른 구분과 질서를 엄격히 고수하고자 했던 기존의 성리학적 질서에 속한 이들, 특히 폐쇄적인 성격이 강했던 경상도 지역의 유생들에게는 자신들의 기준을 위반하는 불온한 움직임으로 받아들여졌다. 경주 최씨 일가에 속한 이들부터 최제우에 대해 조롱과 험담을 일삼았던 사실에서 이를 확인할 수 있다. 게다가 서원의 유생들은 집단행동을 감행하면서 동학을 처벌할 것을 요구했다. 결국 최제우는 '혹세무민'(惑世誣民)이라는 혐의로 체포되어 대구 경상감영으로 이송되어 1864년 41세의 나이로 처형당한다. 그러나 최제우의 뒤를 이은 최시형은 최제우가 남긴 글들을 모아 『동경대전』과 『용담유사』를 간행해 교리를 다듬고 흩어진 조직을 정비함으로써 최제우가 남긴 씨앗을 키워나갔다. 그리하여 동학은 이후 시대의 흐름에 적절히 대응하면서도 당대를 뛰어넘어 현재 우리에게도 시사점을 주는 사상으로 발전해 나갔다. 결국 최제우의 죽음은 실패가 아닌 새로운 시작이 되었다.

평등한 사회를 위한 구상, 시천주

최제우가 내세운 동학이 지닌 의미는 무엇에서 찾을 수 있을까? 첫 번째로 사회적으로 차별받은 존재를 동등한 존재로 인정하는 모습에서 현대적 의미를 발견할 수 있다. '재가녀의 아들'이라는 태생적 한계 때문인지 최제우는 유교적인 상하 질서에 기초한 논리에서 벗어날 수 있었다. 이는 동학의 주요 교리인 '시천주'(侍天主)에서 확인된다. 최제우는 '시천주', 즉 '한울님을 모신다'라는 것을 동학교도들이 외워야 할 주문으로 삼았다. 그런데 최제우가 섬길 대상으로 간주한 '한울님'은 신적 초월자가 아니라 당대 사회를 살아가는 구체적인 인간이다. 이 '한울님'은 "나의 마음이 곧 너의 마음"이라면서 인간과 자신을 동등한 존재로 간주한다. 그렇기에 '한울님'을 섬긴다는 교리는 주변의 인간을 자신과 대등한 존재로 간주하고 섬김을 받을 수 있는 존재로 대우하는 모습으로 나타나야 한다. 이 논리를 바탕으로 최제우는 당대 신분 질서에서 소외된 존재들을 '한울님'과 같은 고귀한 존재로 간주할 것을 역설했다. 최제우가 종교 체험 이후 자신의 하녀를 수양딸과 며느리로 삼은 것이 이를 잘 보여준다.

최제우의 논리는 이후 동학 내부에서 더욱 정교화되었다. 그에 따라 당대 사회에 소외된 존재들을 대등한 존재로 간주하게 해주는 원동력이 된다. 최제우의 뒤를 이은 최시형은 "사람은 한울이라. 평등이요 차별이 없나니"라는 말을 통해 최제우의 시천주라는 사상을 더욱 구체화했다. 그리고 이런 관점에서 "어린아이를 때리지 말라. 이는 한울님을 치는 것이니라."(이돈화, 『천도교창건사』 발췌, 백순제 외 편, 『한국근대사상양서-동양학자료집2』 인용)라고 주장했다. 여기서 최시형이 당대 천대받았던 아동을 동등한 인격체로 간주하고 있음을 확인할 수 있다. 더 나아가 최시형은 며느리, 노예, 심지어 가축에 대해서도 시천주의 원리를 적용해 나갔다. 그럼으로써 최시형은 '시천주'라는 다소 추상적인 형태로 나타난 최제우의 교리를 더욱 구체화하여 수직적인 신분에 기초한 성리학적 인간관계를 해체하고 평등한 인간관계를 확립할 수 있는 길을 제시했다.

어쩌면 1920년대 천도교(동학 3대 교주 손병희에 의해 개명된 동학의 명칭) 청년 필진이 아동(『어린이』)과 여성(『신여성』)을 주요 독자층으로 하는 매체를 발간한 것도 이 흐름의 연장선상에서 나온 행위로 볼 수 있다. 천도교 청년 필진은 자신들이 발간한 매체를 통해 당대의 아동과 여성과 관련된 활동의 중심에 서 있었다. 더 나아가 이들은 이와 관련된 사회운동을 벌였다.

이들 중 특히 방정환은 1920년대 아동 관련 운동에서 가장 핵심에 있었다. 손병희의 사위이기도 했던 방정환은 목성이라는 필명으로 발표한 「동화를 쓰기 전에 어린이 기르는 부형과 교사에게」에서 아동을 "인내천의 천사'(『천도교회월보』, 1921.2)라고 규정했다. 이를 통해 방정환은 최제우와 최시형으로 이어진 '시천주'의 논리를 바탕으로 자신의 아동 관련 운동을 펼칠 것을 드러냈다. 따라서 방정환이 수행한 아동 관련 운동, 즉 '어린이'라는 개념을 통해 성인과 동등한 존재로 아동을 규정하고, 어린이날을 노동절에 맞추어 제정해 노동자들과 같은 사회 변화의 주체가 될 희망을 표출하며, 『어린이』 발간을 통해 아동을 위한 읽을거리 마련과 아동문학 관련 전문 작가를 발굴하려는 모습 등은 모두 최제우와 최시형이 내세운 동학의 이념에 기초해 있다고 볼 수 있다.

이 글을 쓰기 위해 복원된 최제우 생가를 방문했다. 거기서 한 가지 흥미로운 사실을 하나 발견했다. 안채에는 '수운고택'이

최제우 생가 안채 현판　　　　　　　최제우 생가 사랑채 초상화

라는 현판이 걸려 있고, 사랑채에는 최제우의 초상화가 걸려 있다. 여기서 한 가지 생각이 떠올랐다. 혹시 이 복원은 안채와 사랑채라는 공간이 분리되었다는 당대 시대를 반영하되, '시천주'라는 최제우의 사상을 드러내기 위한 일종의 시도는 아니었을까. 이 복원은 안채와 사랑채로 분리된 공간 모두에 최제우가 존재한다고 말하는 것 같았다. 그런 점에서 이 복원은 남성의 공간인 사랑채에만 주목하기를 거부하는 움직임 같았다.

　이 생각은 최제우 생가를 복원하는 실제 모습에서 벗어난 글쓴이의 망상일 수도 있다. 다만 최제우의 시천주 사상을 현재화하는 것은 초상화와 현판을 각 공간에 위치시키는 것 이상의 시도가 필요하다는 말을 덧붙이고 싶다. '미투운동'이 여전히 하나의 뜨거운 감자로 대두될 만큼 권력에 의한 성적 불평등이 존재하고, '갑질'이 하나의 보통명사로 사용될 만큼 사회적 위계가 강력한 우리 사회의 현주소를 생각해 볼 때, 최제우의 시천주 이념을 각 문제에 맞게 구체적으로 접근해 나가야 하지 않을까.

동학의 특징, 주체성과 개방성

용담교와 용담정

동학이 우리에게 전달해 주는 두 번째 의미는 배타적이지 않은 개방성을 지니면서도 주체적 태도를 견지했다는 것이다. 최제우는 세상을 떠돌면서 당대 혼란상을 발견했고, 그 해결책을 찾기 위해 기존의 이론적 체계인 성리학과 서구의 이론적 체계인 기독교 모두를 고찰했다. 이 과정에서 최제우는 우리의 시대적 과제에 적합한 답변을 찾으려는 방향성을 취하면서도 필요하면 성리학과 기독교의 논리를 자기화하여 수용했다. 이처럼 동학에는 주체성과 개방성이 동시에 발견된다.

생각하기에 따라서는 '동학'을 배타성이 강한 사상으로 간주할 수도 있다. 외견상으로 보면 '동학'은 '서학'에 대립항으로 등장한 것 같다. 그렇기에 동학은 당대 사회에 새로운 흐름으로 등장한 서학을 거부하는 수구적인 태도를 지향하는 것처럼 보인다. 그런데 최제우가 '동학'이라는 개념을 어떤 의도로 내세우고 있는가를 살펴보면, 동학에서 수구적 태도를 발견하기는 어렵다. 『동경대전』 「논학문」에서 최제우는 그 도에 있어서는 서학과 통하는 면이 있으나 "내가 동방에서 태어났고 동방에서 이 도를 받았으니, 도는 비록 모든 만유의 근원이 되는 천도이나, 그 도에 이르는 이치인 학은 동학"(윤석산 주해 인용)이라 하여 자신의 위치에서 접근하려는 방향에서 '동학'이라는 이름을 사용했음을 밝히고 있다.

게다가 최제우는 공자(춘추시대 노나라)와 맹자(전국시대 추나라) 역시 그가 태어난 시대의 산물임을 밝히고 있다. 이에 대한 자세한 설명은 없으나 최제우는 공자와 맹자의 차이를 춘추시대와 전국시대라는 시대적 환경, 그가 태어난 국가의 환경에 맞는 해답의 차이로 규정하는 것으로 볼 수 있다. 여기서 최제우가 유학 역시 우리 시대에 맞는 형태로 구체화해야 한다는 논리를 펴고 있다고 보아야 하지 않을까. 따라서 '동학'이라는 명칭에서 서학에 대립하는 수구적 태도보다는 우리 사정에 맞는 주체적 접근법을

개벽사 잡지 영인본

발견해야 할 것이다.

이는 동학이 이후 문화를 주도한 모습에서도 확인된다. 1920년대 개벽사의 천도교 청년 필진은 스스로 자기 논리를 정교화하는 주체성을 유지하면서도 외부의 문화계 인사들과 교섭하는 개방성을 보여주었다. 그리하여 이들은 자기의 글을 스스로 발전시켜 나가면서도(이돈화의 「인내천의 연구」 같은 논설, 방정환이 개척한 암행기 서사 양식), 외부 필진을 적극적으로 확보하려는 노력(1923년 이후 『개벽』에 카프(KAPF, 조선프롤레타리아예술가동맹)에 속한 사회주의 작가들이 대거 참여한 것)을 동시에 수행했다. 1920년대 문화는 주체성과 개방성을 동시에 견지한 천도교 청년 필진을 중심으로 형성되었다. 『개벽』, 『신여성』, 『어린이』, 『별건곤』, 『혜성』, 『제일선』 같은 개벽사의 잡지들을 빼고 1920년대 문화를 설명하기 힘들다는 사실이 이를 잘 보여준다.

이처럼 주체성과 개방성을 동시에 견지하는 태도는 동학의 교리를 습득한 이들에게서도 확인된다. 이는 최제우의 동학이라는 사상 자체가 지닌 성격에서 유래한다. 그런 점에서 최제우와 그의 후예들이 보여준 태도는 우리에게도 좋은 모범이 된다. 특히 우리의 시대적 과제와 밀착하려는 태도를 버린 채 이론의 수입 혹은 실적 쌓기에만 급급한 학계의 모습을 생각할 때, 더욱 요청되는 자세인 것 같다. 물론 이 글을 쓰는 나부터도 자기비판을 감행해야 하겠지만 말이다.

자기의 한계에서 새로운 시대적 화두를 발견하기

최제우는 영남학파의 계보를 이은 아버지에게서 정통적인 성리학 교육을 받았지만, 그 한계에 갇히지 않았다. 이 경주 최씨의 후예는 자신의 가문에 귀속되지 않고 시대적 문제에 대한 고민 속에서 새로운 사상 체계를 형성했다. 그것은 어쩌면 재가녀의 아들이라는 태생적 한계를 더욱 구체화시켜 시대의 문제와 결부시킨 통찰력에서 비롯된 것일지도 모른다. 그리고 그것은 지금 우리에게 필요한 태도이기도 하다. 그런 점에서 경주 최씨의 한 인물이 보여 준 발자취는 우리에게 많은 것을 시사해 준다. 이런 점에서 최제우는 경주에 대한 이미지를 더욱 빛나게 해 주는 인물이 아닐까.

영화 <경주>와 대릉원:
죽음과 삶이 서로를 발견하다

하수정

경주, 낭만적 추억의 공간

대한민국 사람이라면 평생에 한 번쯤은 가볼 법한 유명 관광지가 경주이다. 이미 가 보았다면 '경주'라는 도시의 이름을 들을 때 맨 먼저 떠오르는 관광명소 내지 '핫플'이 어디인가에 따라 세대 차이를 가늠해 볼 수도 있다. 보문단지, 불국사, 황리단길, 경주월드, 엑스포공원, 아무개 맛집과 카페 등. 필자의 경우엔 경주 대릉원 일원일 터인데 그 이유는 오랫동안 다름 아닌 황남빵 때문이었다. 갓 구운 뜨끈한 황남빵의 그 오묘한 맛이라니! 한 가지 고백하자면, 대릉원에서 제일 커다란 무덤 두 개의 공식 이름이 '황남대총'이며, 그중 북분은 여성의 무덤, 남분은 남성의 무덤으로 추정된다는 사실을 안 것도 비교적 최근이다.

영화 〈경주〉 공식 포스터

천여 기(基)가 넘는 능, 총, 묘를 통해 오랜 세월을 입증하고 있는 경주 곳곳의 크고 작은 언덕 같은 무덤들은 그동안 단 한 번도 내게 기괴하거나 특별하게 느껴지지 않았다. 커다란 무덤들이 유별나게 나의 뇌리에 남게 된 것은 재작년 오랜만에 경주를 방문한 후부터였다. 그러다가 뒤늦게 〈경주〉(장률 감독, 2014)라는 영화를 보면서 그때의 기억이 불쑥 튀어나왔다. 포스터에 적혀 있는 "7년을 기다린 로맨틱 시간여행"이라는 글귀 때문에 사실은 한동안 그 영화를 보지 않았었다. 너무 '로맨틱'할까 봐... 물론 이때 '로맨틱' (낭만적)이란 상투적 의미에서이다.

그런데 불분명한 미래와 불안정한 현실의 삶으로부터 도피하기 위해 과거의 황금시절로 돌아가거나, 몽환적이거나 고딕적인 요소를 차용했던 19세기 영국의 낭만주의를 떠올려보면, 영화 속 최현의 경주 여행은 진정한 의미에서 '로맨틱'하다. 즉 기괴하고 초시간적이며 주관적 감정으로 가득 차 있다. 중국에서 중국 여성과 결혼해서 대학교수로 살아가던 최현이 모국을 방문한 이유는 친했던 한 선배의 돌연한 죽음 때문이다. 그 선배로 인해 그는 오랫동안 잊고 있었던 경주의 한 찻집과 그 벽에 그려진 춘화를 순간 떠올리고 급작스레 경주를 여행하기로 한다.

얼핏 보아 잘 어울리지 않는 것 같은 선배의 죽음과 춘화는 한 사람의 죽음을 기억하는 독특한 방식, 그와 만끽했던 젊은 시절의 낭만에 대한 추억이기도 하다. 또한 그 설정은 타나토스와 에로스를 연상시키면서 자연스레 죽음과 삶이라는 주제로 연결된다. 그런 점에서 간간이 영화 속 배경으로 등장하는 '경주 대릉원'은 삶 속에 존재하는 죽음 내지 죽음 속에 존재하는 삶을 표현하는 데 제격이다. 아리솔 찻집(현. 능포 다원)의 주인인 윤희의 말대로 "경주에서는 능을 보지 않고 살기가 힘들기" 때문이다.

영화〈경주〉속 한 장면

영화에서 최현이 아리솔 찻집으로 가기 전 먼저 찾는 곳이 경주 대릉원이다. 그곳에서 그는 1,500여 년 전에 만들어진 무덤이 바라보이는 벤치에 앉는다. 눈앞에서는 교복 입은 남녀가 키스를 시도하고, 때마침 그들 사이를 뚫을 기세로(?) 소풍 온 유치원생들이 뛰어들어온다. 타인의 시선을 차단하는 보호막이자 안전한 놀이터로서의 효용성도 갖춘 무덤 앞의 청춘남녀와 어린아이들을 바라보며, 주인공 최현과 관객은 동시에 추억과 사색에 잠긴다. 젊음과 늙음, 삶과 죽음이 교차하고 있는 이 순간, 최현은 휴대폰을 꺼내 과거에 알던 여자후배에게 전화를 하고, 관객인 나는 그동안 잊고 있었던 그 23미터 높이의 언덕이 무덤임을 새삼 떠올리면서, 기나긴 죽음의 시간이 소환하는 낯선 낭만을 추억한다.

일탈과 이주를 통해 확장되는 낯선 기억의 시간

삶과 죽음은 결국 '타이밍'의 문제라는 생각이 든다. 인간의 죽음이란 무엇일까. 도도한 시공간의 흐름 속에서 어떤 순간에 사라진 '너'를 내가 붙잡을 수 없는 상태가 아닐까. 되돌릴 수 없는 그 흐름 때문에 어딘가에 존재하지만, 지금은 만날 수 없는 너와나. 타이밍을 놓친 만남이 연인 사이의 이별이라면 죽음은 영원히 타이밍을 놓친 이별이다. 그 어긋난 타이밍을 그나마 복구할 수 있는 유일한 방식이 바로 기억이다. 기억이라는 통로를 통해 간신히 죽음과 과거는 현재의 삶 속으로 비집고 들어올 수 있다.

죽음의 표상인 무덤은 어떤 의미에서 '기억하기'를 기억하게 하는 장치이다. 현재에 남아있는 과거의 흔적 같은 것이다. 그 흔적 따라잡기가 최현이 지금 경주와 마주하고 있는 목적이다. 영화 <경주>에는 '타임 슬립'(time slip, 시간 거스르기)을 의미하는 것 같은 장면이 몇 군데 있다. 가령 여자 후배와 어제 찾아간 점집의 할아버지가 오늘은 돌아가신 상태이고 그 점집의 현재 운영자는 손녀이다. 또한 영화의 마지막 장면에서 말라버린 시냇물 위에 걸쳐진 돌다리 끝에 갑자기 수양버들 무성한 시냇가가 등장하는가 하면, 아리솔 찻집 최현이 앉은 찻상에 죽은 선배의 아내가 갑자기 턱 하니 마주 앉기도 한다. 시공간의 뒤죽박죽과 부정확성이라는 기억과 생각의 보편적 특성을 드러내는 장면이 아닐 수 없다.

기억의 명징한 '팩트체크'는 사실상 불가능하되 현재라는 시간에서 기억이 차지하는 비중은 적지 않다. 최현이 경주에서 보낸 만 하루의 시간 또한 대부분 '기억하기'로 이루어진다. 그를 경주로 이끈 7년 전 선배와의 추억은, 그와 함께 갔던 경주의 한 찻집에 그려진 '춘화'라는, 지극히 주관적인 이미지로 각인되어 있다. 왜 그 한 장의 그림이 특별하게 기억되는가? 아마 그 그림이 전통 찻집과는 상식적으로 어울리지 않은 것처럼 보이기 때문일 것이다. - 아이러니하게도 찻집과 잘 어울릴 법한 봉자개 (丰子愷, Feng Zakai)의 문인화는 윤희 집 거실 벽에 걸려 있다. - 이때 기억을 강화해 주는 것은 '일탈'이다.

대릉원 (출처: 경주시청)

그런 점에서 수많은 경주의 유적 중에서도 시내 중심가라고 할
수 있는 곳에 있는 대릉원이 유독 나의 머릿속에 남는 것도 그 기이함
때문일지 모른다. 엄청나게 큰 이 대릉원의 무덤들은 나무로 관을
짜고 일종의 구조물을 만든 다음, 그 사이에 돌을 빼곡하게 채우고
쌓아서 만든 '돌무지덧널무덤'(옛 이름: 적석목곽분)이다. 신라 마립
간 시대의 이 대표적 양식은 그 웅장한 규모와 더불어 경주 일원의
다른 무덤들과는 '일탈'이라고 불러도 좋을 만한 차별성을 가진다.
게다가 경주국립박물관의 소장품들을 대표하는 금관을 비롯한 무수
한 황금 장식품이 모두 이곳에서만 발굴되었다고 하니 이 또한 기이
하지 않은가.

이 기이함에 대한 아마추어적 호기심을 해소하기 위해 검색해
본 2부작 탐사 다큐멘터리(<KBS 역사저널, 그날>, 2019)에 의하
면, 커다란 돌무지덧널무덤과 그 속에서 발굴된 수많은 황금 장식

품, 그리고 그 금관 끝에 장식으로 붙어 있는 사슴과 나무 형상은 유라시아 초원의 쿠르간(Kurgan, 봉토가 형성된 무덤)에서 흔히 발견된다고 한다. 사슴과 나무는 정치적, 군사적 지도자이자 제사장이었던 왕의 역할을 드러내며, 온몸을 황금으로 두른 채 발견된 무덤 속 권력자는 황금을 가축의 등에 싣고 이동했던 유목민의 특성을 잘 보여준다고 한다. 탐사팀은 문무왕릉비에 새겨진, 경주 김씨의 시조를 암시하는 '투후 김일제'(秺侯 金日磾)와 '성한왕'(星漢王)이라는 두 글자를 좇아 중국과 내몽골 자치구를 직접 탐방한 끝에 투후 김일제와 김씨 공동체의 실체를 밝혀낸다.

다양한 전문가나 학자들과의 인터뷰와 탐사 취재를 통해 그 다큐가 '조심스레' 드러내는 새로운(?) 사실은 '박, 석, 김'으로 알려진 신라 건국의 시조가 사실은 '흉노족'으로 알려진 북방기마유목민족의 후예라는 점, 따라서 신라는 이주민이 세운 땅이라는 점이다. 관련 연구자들이나 문중 사이에는 다양한 논란거리인 모양이나, 나에게 '이주민의 나라, 신라'라는 말은 근사한 시공간의 확장으로 다가온다. 1,000여 년 전 이 땅에 살던 사람들이 누군가와 혈연 관계라는 사실 그 자체가 무슨 의미가 있지? 그보다 '말 없는' 무덤 앞에서 기나긴 시간 속을 살아가는 인류의 운명, 즉 같은 땅을 거쳐간 다른 사람들, 지금 살고 있는 사람들, 그리고 앞으로 그 땅에서 살아갈 또 다른 사람들에 대한 이야기를 상상하는 일이 더 가슴 설렌다.

애초에 인류는 떠돌이들이었다. 그러다 우연히 찾아든 땅에 집을 짓고 곡식을 기르고 사람을 낳아 원주민이 되지 않았던가. 힘이 지배하던 시절, 때로 침략자들은 원주민들을 속절없이 쫓아내고 죽인 다음, 마치 언제 그런 일이 있었냐는 듯 버젓이 그 땅의 주인 노릇을 하기도 했지. 이야기의 중간에는 이처럼 늘 인간의 이기심과 혐오가 자리한다. 그렇긴 해도 어쩌다 만나게 된 낯선 이들을 언제나 반갑게 맞이하고 아끼는 사람들도 있지 않았을까. 이 땅에서 저 땅으로 때로는 알지도 못하는 힘난한 바닷길을 따라 자신이 나고 자란 곳에서 떠나온 이들이 엮어온 이주의 역사가 어쩌면 인류의 역사일진대, 부디 평화로운 공존의 기술을 터득할 수 있기를!

죽음과 나란히 하는 일상

화려한 에디뜨 피아프의 무덤과 추모꽃, 페르 라셰즈

오스카 와일드의 묘비에 찍힌 키스 자국, 페르 라셰즈

이런 엉뚱한 낭만에 젖어 거대한 무덤들을 보고 있노라면, 세계 최초의 정원식 무덤이라 알려진 프랑스 파리 외곽의 '페르 라셰 즈'(Père-Lachaise)가 자주 떠오른다. 중세의 유명한 사랑과 이별 이야기의 주인공들인 아벨라르와 엘로이즈를 비롯하여, 쇼팽, 모딜리아니, 발작, 라퐁텐, 오스카 와일드, 에디프 피아프 등 내로라하는 문인과 예술가들의 무덤이 있는 곳이다. 성당 안이나 집 근처에 있는 여느 서양식 전통 무덤처럼 평묘들이다. 산이 많은 탓에 동물들의 습격을 막으려고 봉분을 쌓는 전형적인 우리네 무덤과는 일단 모양부터 다르다. 도로와 무덤, 무덤과 무덤 사이의 경계가 느슨하고 서로의 거리도 가깝다. 묘비 주변에 꽃들을 비롯하여 온갖 종류와 형태의 추모글과 물품들이 널려 있는 무덤이 많다. 빨간 립스틱 키스 자국이 빼곡하게 찍혀 있는 오스카 와일드의 묘비를 보면 100년이 넘는 시간의 차이를 넘어 마치 엊그제 장례를 치른 이의 무덤 앞에 서 있는 것 같은 착각마저 든다.

유럽의 어느 마을을 걷다가 성당 묘지나 공원 묘지와 자주 마주쳐 본 적이 있는 사람이라면, "경주에서는 능을 보지 않고서는 살기 힘들다"라는 영화 속 윤희의 말이 전혀 특별하게 들리지 않을 것이다. 하지만 우리나라의 경우, 마을과 무덤이 이렇게 평지에 친하게 놓인 광경은 경주 대릉원을 제외하면 찾아보기 어렵다. 그뿐만이 아니다. 조상의 묘를 신성시하는 전통이 강한 나라에서, 아직도 왕릉을 돌보는 능참봉이 있어 대대손손 매일 아침 무덤을 한 바퀴 돌며 살피고 있다는 그곳이 데이트 코스라니. 아이들이 소풍을 와서 아무렇지도 않은 듯 둘러앉아 김밥을 먹는 무덤가라니. 그 주변을 거닐면서 사진 찍느라 바빠 '여기 누군가가 죽어 묻혀 있어.' 혹은 '순장된 사람도 많대.'라고 생각조차 할 겨를이 없는 무덤이라니...

어디서든 능이 보이는 곳에 사는 사람들의 마음은 좀 더 여유롭고 너그러울지도 모르겠다고 생각해본다. 영화 <경주>에는 거나한 저녁 식사를 마친 일행이 대릉원을 가로질러 귀가하는 장면이 나온다. 걷던 중 황남대총 위에 올라가 앉은 윤희의 "여기 돗자리 깔고 술 한 잔 더 하고 싶다"는 말에 영민 왈, "우리 아버지가 맨날 그랬대. 다 드시고 돗자리 타고 내려가시고." 푸하하! 얼마나 기발하고 안전한 하강 방식인가! 마치 기다리고 있는 내일을 맞기 위해 죽어가는 오늘로부터 얼른 탈출하는 장면 같기도 해서 다소 웃프기조차 하다. 만약 내가 오늘밤 친구랑 무덤 위에 올라앉아 돗자리 깔고 술을 마신다면? 윤희네 일행처럼 호루라기를 불며 쫓아오는 경비원의 "얼른 내려와요! 알 만한 사람들이!"라는 꾸지람을 단박에 듣겠지? 관광객이 많아지면서 관리가 엄격해진 탓이다. 황리단길이 번창하면서 현재 대릉원 곁에 사는 사람들 대다수는 원주민이 아니고 그들의 일상 또한 예전과는 다른 모습일 테지만, 적어도 죽음이 보이는 삶은 더 관대할 것 같다.

서로 다른 존재들이 이처럼 나란히 보기 좋게 자리 잡는 모습을 보는 것은 흐뭇하다. <경주>의 감독은 중국에서 태어나고 자란 한국계 중국인이다. 그런 이력을 가진 사람이 경주라는 대표적 관광지에서 일상의 삶과 공간을 포착해냈다는 사실이 무척 놀랍다. 아니, 어쩌면 우리와 다르기에 우리가 보지 못하는 곳을 더 잘 볼 수 있을지도 모르겠다. 능 주변의 주택가, 보문호 주변 산책로, 어떤 골목길과 점집, 오래된 구멍가게 앞 평상 등 감독은 '여기에도 사람이 살고 있다고!'라고 마치 항변이라도 하는 것 같다. 최현이 경주역에서 내린 뒤 들른 관광 안내소의 직원에게 물어본 장소는 '근처에 있었던 (것 같은) 시냇물과 돌다리'이다. 영화 전반에 흐르는 보편적 예상을 빗나가는 상황과 대화들을 통해, 감독은 인간의 삶이 얼마나 아이러니한 이질성으로 가득 차 있는가, 평범함 속에 낯섦이 감추어져 있는가를 거듭 확인시킨다.

1973년에 시작해서 2년 뒤에 발굴 및 조사를 마쳤다는 '황남대총' 발굴 관련 영상을 보던 중이었다. 발굴이 한창이던 어느 날 대통령 방문을 앞두고 폭우로 무너진 임시구조물로 인해 한 인부가 크게 다쳤다고 한다. 그 인부를 대통령 동선을 피해 실어나르느라 고생했다는 당시의 기억을 회고한 어떤 학자의 인터뷰 내용은, '그래도 사람이 살만한 세상이 왔구나'라는 안도감을 주면서, 동시에 누군가에게는 호기심이고 치적이 될만한 죽음의 해명이 누군가에게는 생사를 가르는 치열한 생활의 현장이기도 하다는 사실을 깨닫게 해 주었다. 죽음이 또 다른 의미에서 일상과 가까이 있는 순간이었다.

그러고 보니 현대적 장비를 동원하여도 족히 2년 이상이 걸리는데 당시 무덤 축조에는 얼마나 많은 시간과 인력이 들었으며, 그 과정에서 대체 몇 명이 죽고 다쳤을까가 궁금해진다. 4,700년 전의 이집트 피라미드 건설에 동원된 노동자 대다수는 농한기 구제책의 일환으로 투입된 자유민들이었다고 하는데, 왕릉의 돌무지를 날랐던 이들은 누구였을까. 무엇보다 죽은 사람과 함께 산 채로 순장(殉葬)되었던 처자와 노비들의 머릿속에 떠오른 마지막 생각과 그들이 끝까지 손에서 놓지 않았을 물건은 무엇이었을까. 열 명의 삶만큼의 가치가 있는 죽음이 있다고 굳게 믿으면서 그들은 자신의 죽음을 기꺼이 받아들였을까. 아니면 '어차피 두 번 죽는 사람 없지'라고 간신히 스스로를 위로하며 강요된 죽음을 수긍했을까.

남편과 몇 년 전 사별한 영화 속 주인공 공윤희는 창문을 열면 커다란 무덤이 보이는 곳에서 일상을 살아간다. 낯선 이의 무덤을 보며 반사적으로 죽음이 가져온 이별을 실감할 것이다. 하지만 한편으로 죽음을 기억하는 시간은 내가 살아있음을 확인하고 인식하는 순간이기도 하다. 이별과 죽음 위에 얹힌 삶을 조금씩 다른 방식으로 소심하게 살아가는 영화 속의 등장인물들은 오늘을 살아가는 수많은 경주 사람들, 아니 바로 우리다. 이 글을 쓰며 따뜻한 어느 봄날, 경주 대릉원 벤치에 앉아 갓 구운 황남빵 한 입을 베어 물며, 스키타이인과 신라인, 그리고 영화 속 <경주>와 그에 관한 한 편의 에세이를 추억하는 나를 미리 기억해본다.

천년의 울림, 고향으로서의 경주

지헌배

신라 천년의 고도, 시와 소설의 고향

경주에서 생활한 지 10년이 되었다. 경주에 살고 싶어서 직장을 옮겨온 지 10년인데, 아직 꿈꾸던 삶을 맘껏 누리지는 못하고 있다. 자전거로 경주 곳곳을 누비기, 첨성대에서 석양 바라보기, 주말마다 남산 오르기, 새벽에 계림을 거닐며 천 년 전의 영혼과 대화하기 등이 경주 주민이 되면 해 보고자 꿈꾸었던 목록들이다. 철 따라 칠불암을 오르기도 했고, 때때로 계림을 찾았고, 첨성대와 향교 일대를 거닐기도 했지만, 갈증은 여전하다.

20대 후반 울산대에 출강 하던 몇 년 동안 대구로 돌아오던 길에 번번이 경주를 들렀다. 석양이 질 무렵 계림을 걸을 때면 천 년 전의 닭 울음소리가 들리는 듯 했다. 첨성대를 배경으로 붉은 노을이 보일 때면 감정선을 건드리는 어떤 보이지 않는 손을 느끼곤 했다. 주말이면 자주자주 쪽샘길 일대의 쌈밥집을 찾았던 기억이 20대와 30대를 이어주었다. 그것도 벌써 20여 년 전의 일이다.

나에게 경주는 어떤 끌림이 있는 곳이다. 중학교 2학년 때 수학여행으로 찾았던 것이 첫 인연이었다. 불국사 앞에서 2학년 12반 친구들과 검은 교복을 입고 사진을 찍었던 기억은 아직도 머릿속에 선명하게 남아 있다. 사진은 어디로 갔는지 알 수 없지만, 중고등 시기의 몇 안 되는 생생한 기억 중 하나다. 석굴암과 불국사로는 설명되지 않는 어떤 매력이 나를 붙들었을까. 내가 어떤 것에 끌려서 경주와 인연을 갖게 되었는지 아직 답을 얻지 못했다.

경주는 늘 신라와 연결된다. 천년 고도라는 말이나 신라CC, 신라중학교 등 신라는 경주와 따로 생각할 수 없다. 첨성대 일대가 세계문화유산으로 지정된 것에서 보듯 경주는 여전히 신라 천년의 수도였던 고도(古都)의 색채가 남아 있다. 수학여행지로 경주를 기억하는 사람들에게 불국사와 석굴암은 한때 경주를 대표하는 문화재였다. 교과서에서 읽은 다보탑을 설명하는 글에 '밀가루로 빚은 듯'이라는 구절이 아직도 기억에 남아 있다.

계림은 천년의 역사를 간직한 공간이자 천 년 전의 아침을 담고 있다. 남산은 그 자체로 박물관이자 역사와 문학과 신화 등 은유의 결정체이기도 하다. 남산 불상 중 가장 오래된 감실 불상이 있는 부처골, 탑골의 부처 바위와 삼층석탑, 미륵골 보리사의 석조여래좌상, 봉화골의 칠불암, 선방골의 석조삼존불 등등 신라의 자취는 현재의 기억으로 각인되어 있다.

계림

8세기경 경주(서라벌)는 중국 장안, 동로마 콘스탄티노플, 이라크 바그다드와 함께 세계 4대 고대 도시로 당시 179만 호가 거주하였다. 당시의 신라왕경 복원을 위한 '경주의 신라왕경 핵심유적 정비복원에 관한 특별법안'이 2019년에 국회에서 입법되었다. 복원 계획인 8대 유적 중 월정교 복원이 완료되었다. 경주는 천년이 이어졌던 신라 왕조의 수도였다. 그리고 천년의 세월을 뛰어넘어서 신라의 서라벌과 현재의 경주를 잇는 작업이 국가

사업으로 진행되는 셈이다.

경주는 문화재로서 천년의 역사를 가졌을 뿐만 아니라 문학으로서도 천년의 저력을 지니고 있다. 경주대 총장과 동리목월문학관 관장을 지냈던 장윤익 박사는 '경주는 시의 고향이자 소설의 고향'이라고 했다. 경주가 향가와 『금오신화』의 탄생지라는 이유에서이다. 신라의 향가가 시의 원조, 김시습의 작품이 소설의 효시라고 보는 관점에서 본다면, 장윤익 박사의 주장대로 경주는 한국문학사에서 시와 소설의 고향이다.

동리와 목월의 고향, 출발점이자 회귀처

한국을 대표하는 시인 박목월에게 있어서 경주는 떼 놓을 수 없는 공간이다. 그가 떠난 후에도 경주 곳곳에 목월의 자취가 남아 있다. 황성공원에는 목월의 <송아지> 동요비가 있다. 보문단지 라한셀렉트(구 현대호텔) 옆에 자리한 목월 공원 시비에 작품 <달>이 새겨져 있다. 여기서 목월의 신념과 삶이 그의 작품을 매개로 시공을 확장해 오늘날 대중들과 공유되고 소통된다.

목월의 생가는 건천읍 모량리에 있다. 경주 시내에서 서쪽으로 8km 정도 떨어져 있다. 목월이 태어나 자란 이곳은 잘 알려진 시 <청노루>나 <윤사월>의 배경이기도 하다. 2014년에 복원되어

현재 모습으로 단장되었다. 모량리 생가와 인근의 건천초등학교
는 시인의 유소년기 경험이 녹아 있는 곳이다. 같은 동네에 최근
관광객이 즐겨 찾는 편백나무 숲이 있고, 인근에는 단석산(斷石
山)이 있다. 김유신이 무술연마를 하면서 바위들을 베었다고 하
여 이름 지어진 곳이다.

> 관(棺)이 내렸다./ 깊은 가슴 안에 밧줄로 달아 내리듯/ 주여/ 용납(容納)
> 하옵소서/ 머리맡에 성경(聖經)을 얹어주고/ 나는 옷자락에 흙을 받아/
> 좌르르 하직(下直)했다.//
> 그후로/ 그를 꿈에서 만났다./ 턱이 긴 얼굴이 나를 알아보고/ 형(兄)님!/
> 불렀다./ 오오냐 나는 전신(全身)으로 대답했다./ 그래도 그는 못 들었으
> 리라/ 이제/ 네 음성(音聲)을/ 나만 듣는 여기는 눈과 비가 오는 세상./
> 너는/ 어디로 갔느냐/ 그 어질고 안쓰럽고 다정한 눈짓을 하고/ 형님!/
> 부르는 목소리는 들리는데/ 내 목소리는 미치지 못하는/ 다만 여기는/
> 열매가 떨어지면/ 툭하는 소리가 들리는 세상.//

목월의 <하관(下棺)>이라는 작품이다. 시인은 부친상 이후 몇
달이 지나지 않아 아우 박영호마저 보냈다. 시에는 폐결핵을 앓다
30대 초반의 나이에 생을 마감한 동생에 대한 안타까움과 그리움
이 깊이 표현되어 있다. 신라 향가 <제망매가>를 떠올리게 하는
작품이다. 이승과 저승이 다른 세상이되, 삶과 죽음이 단절되지
않음이 강조된다. '고향과 타향', '이승과 저승', 그리고 '자연과
인간'은 서로 '다르지 않음' 혹은 '연결됨'을 보여준다.

목월 생가 내부

목월 시비(보문호)

소설가로 더 잘 알려진 김동리에게도 '경주'는 특별한 공간이다. 동리의 작품에서 경주는 공간으로서의 배경일 뿐만 아니라 영혼의 토대이다. 대표작 「무녀도」, 「바위」, 「황토기」 등의 소설과 <자화상>, <귀거래행> 등의 시에서 동리에게 경주가 가진 가치와 의미를 엿볼 수 있다. 이들 작품에서 '모태' 경주인으로서의 동리를 발견할 수 있다.

동리의 생가는 시내 성건동에 있다. 목월 생가와 비교해 보면 보존이나 복원이 과제로 남아 있다. 동리 생가는 동쪽으로는 토함산 중턱의 문학관과 서쪽으로는 건천에 있는 목월 생가의 중간 지점에 있다. 성건동 생가에서 멀지 않은 곳인 금장대와 애기소는 동리 작품 <무녀도>의 배경으로 알려져 있다. 금장대는 근래 복원되어 일대가 단장되었다. 석장동 암각화도 금장대 입구에 있다. 두 화랑의 맹세가 새겨진 임신서기석이 발견된 곳과도 가깝다. 동리목월문학관 누리집에 다음과 같이 적고 있다.

"경주는 고조선 이후의 무속적 분위기에, 통일신라의 불교가 접목되어 형성된 독특한 정신적 전통을 지니고 있다. 김동리가 자라던 때, 경주는 신라 고도(古度)의 옛 분위기가 훼손되지 않은 그대로의 모습을 간직하고 있었다. 토속적·무속적 분위기가 짙게 감도는 경주의 분위기는 어린 시절 김동리의 내면적 정서의 기조를 이루었다. 김동리가 작품을 통해 신라문화와 신라혼에 대해 깊이 천착했던 것은 자신이 태어난 고장 경주가 한국 혼을 상징하는 공간이기 때문이었다."

동리목월문학관

동리에게 경주의 의미나 가
치는 서영은의 말에서도 확인
된다. "경주는 김동리 안[內]의
핵이었으며, 그리움과 동경이
다. 경주에서 태어나서 성장하
는 것은 다른 도시에서의 경험
과는 '전혀 다른 것'이다. 경주
는 그곳에서 태어나는 사람에
게 그 이상의 의미를 살게 하는
데, 김동리의 경우엔 경주가

동리 시비(보문호)

'더욱 특별'했다."라고 증언한다. 동리와 경주를 뗄 수 없음을 여러

각도에서 다양한 방법으로 표현한 것이다.

김윤식 교수는 동리의 삶과 작품 세계를 지배하는 하나의 코드를 '무지개'라고 한 바 있다. 동리에게 경주는 '신령스러운' 것과 연결된다. "신령을 접할 수 있는 공간이 산이었고, 신령의 마음에 가장 잘 감응하는 영매가 꽃이었고, 신에게 가장 어여삐 받아들여지는 정신은 화합이었다."라는 증언에서 보듯, '경주'와 '무지개'는 동리와 동리 작품의 근원이었다. 경주는 작가 김동리에게 고향이었고, 동시에 동리 작품의 근원이 경주였다.

김동리의 작품과 박목월의 시에서 토대가 되는 것은 토속이나 고향이다. 이들은 경주라는 이름을 기저에 두고 있다. 천년 고도의 경주는 이들 작가의 고향이면서 작가 의식의 원천이며 작품의 배경이다. 그런 점에서 이들에게 고향은 출발점이자 동시에 회귀의 시공간이다. 이들은 작품과 현실을 넘나들며 우주로 확장되는 망원경이 되고, 때로는 천년의 시공간을 잇는 통로나 사다리가 된다.

소통과 교감의 전략, 미래 공동체의 길

최근 경주는 황리단길이 소위 핫플레이스다. 보문단지로 대변되던 경주는 최근 한우물회, 벤자마스 등의 새로운 검색어가 상위권을 차지하고 있다. 황남빵이 대표격이지만 경주빵, 주령구빵 등과 함께 최근에는 이상복 빵이 확장세에 있다. 경주에서 한 달 살기, 경주 자전거, 경주 야경 등이 경주 관광 관련어로 부상하고 있다.

경주에 뿌리를 둔 동리와 목월은 '연결'과 '소통'의 코드이다. 이들 작가가 그리는 세계는 일상의 시공간은 물론 이승과 저승까지 한계가 없다. 시공의 확장을 통해서 드러나는 연결과 소통의 코드는 경주 '천년'의 코드로 수렴된다. 신라에서 꽃피었던 과거 천년은 동리와 목월의 렌즈를 거치면 현재를 매개로 미래 천년으로 이어지며 확장된다.

신라 천년에서 '미래'의 천년은 경주의 관심사이자 경주에게 주어진 과제이기도 하다. 신라 고도로서의 경주 이미지는 과거 경주의 자산이자 경쟁력이었지만, 이는 경주의 미래 동력을 화석으로 만드는 약점이 되기도 한다. 그런 점에서 신라 왕경 복원도 과거의 재생에 머물지 않고, 경주 미래 천년의 맥락에서 설계되고 구현될 필요가 있다. 같은 맥락에서 '땅파기'는 미래의 경주에서는 한계가 있다.

왕경 복원, 강변 정비, 레저 스포츠 복합단지, 엑스포, 힐링 등이 2020년대 경주의 화두를 구성한다. 이들은 그간 '보문'을 대표 브랜드로 했던 경주에 이는 변화의 흐름이다. 신라 화랑이 보여주었던 공동체 가치와 실천, 경주에서 태동했던 동학의 인내천과 사인여천 등 인간 존중과 권위와 차별을 해소하는 수평적 세계관 등이 경주의 자산이다. 이들은 경주의 미래 천년을 위한 여정에서 동력이 될 수 있다.

과거 천년의 맥을 잇는 도도한 역사적 물줄기가 경주의 자산이자 경쟁력이다. 그것에는 시대적 가치를 담고 당면한 문제를 창의적으로 해결한 혁신적 에너지가 있었다. 경주의 대표 코드는 고향이다. 고향은 출발점이자 에너지의 원천이다. 그런 점에서 경주의 미래 천년을 향한 과제는 '고향'의 코드를 살리는 전략과 같은 맥락이다.

신경주역에서 보문단지로 연결되는 가로(동서)축과 현곡에서 내남으로 연결되는 세로(남북)축의 새로운 그림이 숙제이다. 토함산과 보문에서 도심 개발, 하천 정비, 복합 레포트 단지 등이 큰 그림 속에 녹아들게 지혜를 모을 것을 기대한다. 인프라 구축과 함께 스토리를 생성하는 것, 그리고 고향이나 회귀처로서의 코드를 현실에 구현하는 것이 과제다.

고향은 근원이자 회귀이다. 이는 시공을 아우르는 개념이다. 그런 점에서 때로는 뿌리와 연결된 그리움이자 한편으로는 새로운 에너지의 촉매이다. 회귀처이면서 새로운 출발점이다. 그런 점에서 '고향'은 경주에 가장 어울리는 이름이다. 고향을 기억하는 사람, 고향에 대한 그리움을 가진 사람 모두에게 경주가 '그들'의 고향이 되는 날을 기대해 본다.

4부 상상, 경주를 그리다

경주의 상징: 8색, 북두칠성, 그리고 '첨성'대

남철호

경주의 상징물

　도내 다른 시군과 마찬가지로 경주에는 시를 대표하는 상징과 상징물이 있다. 시화 개나리는 경주 문화와 관광 경주의 번영을 드러내며, 시목 소나무는 불변의 화랑정신, 충성심 등 삼국통일의 위업을 달성한 신라 천년 고도 경주 시민의 정신을 나타낸다. 시조 까치는 시목과 함께 순박한 시민 정서를 대변한다. 덧붙여 경주에는 특이하게도 시어도 있다. 경주 청정바다를 상징하는 어종, 참가자미이다. 게다가 경주시는 별자리로는 북두칠성, 그 가운데서도 북두칠성의 6번째 쌍성인 '개양성'을 시의 상징으로 삼고 있다. 이 별은 계절에 상관없이 우리나라 어느 곳에서나 북쪽 하늘에서 볼 수 있으며 그 친숙함 때문에 예로부터 소원을 빌던 대상이었다. 새로운 천년의 희망이라는 의미는 여기에서 자연히 도출된다. 또한 경주시는 시를 상징하는 여덟 가지 색깔과 이를 대표하는 유물과 유적지를 정해 두고 있다.

필자는 '헐렁한 수다' 경주시 편 원고를 위해 2020년 10월 마지막 날 아내와 함께 '의무적' 나들이를 하였다. '반강제'로 경주를 여행하기는 이번이 처음인 것 같다. 경주 나들이는 아내의 의견을 적극적으로 반영하여 8색을 중심으로 탐방하였다. 가장 인상 깊었던 색과 유적지는 홍과 청이었다. 이번 여행을 통해 경주를 상징하는 8색과 관련된 대표적 유적지, 북두칠성 그리고 첨성대를 중심으로 경주의 상징 이야기를 해보고자 한다.

경주를 대표하는 8색은?

경주를 상징하는 8색은 적(赤), 홍(紅), 황(黃), 록(綠), 청(靑), 자(紫), 금(金), 흑(黑)이다. 화랑과 연관된 적은 멈추지 않는 혁신, 화랑의 뜨거운 조국애와 피 끓는 열정을 상징한다. 불국을 상징하는 홍은 열정과 긍정적 삶의 에너지, 삶의 터전, 어머니의 자애로움을 상징한다. 서라벌을 가리키는 황은 영원히 변치 않는 진리, 세계문화 중심도시 천년 수도를 말한다. 왕릉의 금잔디 등에서 찾아볼 수 있다. 록은 남산을 상징하는 색으로, 평화와 생명력을 나타내며, 남산의 사철 푸른 소나무 숲처럼 경주인의 변하지 않는 청년 정신을 나타낸다.

동해와 연관된 청은 자유, 무한, 샘솟는 지혜의 도시를 나타낸다. 문무왕 수중릉이 있는 동해를 상징한다. 첨성을 가리키는 자는 사랑과 고귀함, 북극성(자미성)을 나타내며, 여기서 올곧은 진리를 찾고자 하는 첨성대의 정신을 읽을 수 있다. 금은 왕의 색, 금관의 색으로, 변치 않는 진리, 황금의 나라 신라(왕관)를 상징한다. 흑은 빨강, 노랑, 파랑을 섞은 색으로 삼국을 의미한다. 북쪽을 상징하는 흑은 삼국통일, 절대왕조의 권위, 그리고 새로운 민족문화의 창달을 대변한다.

8색이 상징하는 유물과 유적지 탐방

경주의 8색과 관련한 유물과 유적지 비정은 생각하기에 따라 일면 비합리적인 것처럼 보인다. 특정 문화재는 야간에 조명 빛을 받아야 그 완연한 색을 볼 수 있기 때문이다. 이번 여행에서는 모두 낮에 기념물들을 관람하고 촬영했다. 그래서일까? 그 색을 제대로 보지 못한 아쉬움이 크다. 다만 지정된 8색과 그것이 상징하는 유물, 유적지의 의미는 충분히 이해되었다.

홍색: 홍과 관련된 대표적 유적지는 불국사이다. 이곳은 천년 고찰의 면모가 잘 드러난다. 아내와 함께 경내를 관람하는 데 2시간 정도 걸렸다. 코로나가 아직 끝나지 않았지만, 너무 많은 관람객 때문에 주차하는데 꽤 고생하였다. 경내는 말 그대로 '불국의 색'이

었다. 불국사 관람 후 보문단지 내에 있는 아내의 지인이 운영하는 일식집에서 점심을 먹었다. '식당을 옮기고 난 뒤 처음 가는 곳이어서, 먹기 전에 아는 척했으면 조금의 혜택을 입지 않았을까?'라는 생각도 해본다. 참으로 음식 맛이 정갈하고 깔끔한 곳이다.

홍: 불국사 단풍

홍: 불국사 다보탑

청색: 청은 대왕암을 품은 동해와 관련 있다. 문무대왕의 대왕암을 먼발치에서 보았다. 꽤 많은 사람이 바닷가에 나와 있었다. 한참을 구경하고 오징어 피데기를 몇 마리 사고 덤으로 쥐포를 한 마리 얻어서 차에 올랐다. 대왕암에서 시내 쪽으로 나오면서 멀리서 감은사지를 구경하였다. 몇 년 전과 다르게 단을 높여 아주 멋있게 해 두었다. 감은사지 하면 떠오르는 후배가 있는데

용인대학교 배모 교수이다. 매년 11월 경북대 사학과 동창회에서 떠나는 '추억의 고적 답사'에서 그 후배 교수가 감은사지 석재와 돌 깨는 방법 등을 아주 재미있게 설명해주었는데(정확한 연도는 기억나지 않음), 지금도 그 기억이 생생하게 남아있다.

청: 동해와 문무대왕릉

황색: 황과 관련 있는 곳은 경주 곳곳에서 볼 수 있는 왕릉이다. 황남대총, 인왕동 고분 등. 대릉과 대총을 보면서 얼마나 많은 사람의 사역으로 이를 이루었을까? 하는 의문이 들었다. 이 의문은 경주에서 처음 왕릉을 보았을 때인 초등학교 때부터 지금까지 품고 있는 생각이다. 이집트의 피라미드에 대한 느낌, 역시 마찬가지다. 이 글을 읽는 여러분은 어떠신지요?

황: 삼릉   황: 황남대총

녹색: 야외 박물관이라 불리는 남산과 관련된다. 시간 때문에 남산을 완주하지는 못하고 삼릉과 서남산 입구에만 올랐다. 남산과 소나무를 한참 바라보니, 과거 대학 답사 때 무거운 짐을 지고 땀을 뻘뻘 흘리면서 남산을 오르던 생각이 불현듯 떠올랐다. 그러면서도 한편으로 마음이 편안해졌다. 아내는 발이 아파서 차에 머물렀다. 오후 늦게 나 혼자 다녀왔는데, 등산객이 많아 등산 후 줄을 서서 기다렸다가 기계로 먼지를 털 정도였다.

녹: 서남산 솔숲

자색: 자색은 첨성대를 상징한다. 낮이라 자색 빛을 띠는 첨성대는 관람하지 못하였다. 북극성, 곧 자미성, 경주의 또 다른 상징인 북두칠성을 관찰하는 곳이기에 그 색의 의미를 충분히 이해하는 터다. 첨성대에 대해서는 다시 자세히 살펴보기로 한다. 동궁과 월지도 자색 유적지에 속하여 잠시 둘러보았다.

자: 첨성대

자: 동궁과 월지

흑색: 흑을 상징하는 유물은 동경이나 동종에서 볼 수 있다. 박물관 야외에 있는 성덕대왕 신종, 곧 에밀레종은 '맥놀이' 현상으로 그 소리가 아름답기로 유명하다. 매시 정각, 20분, 그리고 40분에 녹음된 종소리를 들을 수 있다. 갈 때마다 언제나 마음을 정화해 주는 '우리의 소리'를 느낀다. 지금까지 유

흑: 성덕대왕 신종

럽 국가의 어느 종소리에서도 이러한 '은은한' 소리를 듣지 못하였다.

금색: 금은 신라의 금관을 상징한다. 박물관 보수공사로 1관만 관람할 수 있어서, 로비의 안내와 소개 글을 통해서만 금관을 보고 직접 보지 못했다. 그래서 금관에 대한 갈증이 나서 대릉원으로 가 천마총 내의 금관을 실컷 보고 나왔다. 금관의 내력과 의미에 대한 이야기도 많으나 여기에서는 생략한다.

금: 천마총 내 금관

적색: 마지막으로 적이다. 10월 말 현재 경주박물관이 대대적인 보수공사를 하고 있어서 화랑과 관련된 적의 자료를 담지 못하였다. 물론 통일전과 화랑교육원이 있으나 현대에 조성되었기에 의도적으로 생략했다. 화랑의 결의를 담은 '임신서기석'을 둘러볼 예정이었으나 그러지 못해 아쉬웠다.

또 다른 상징, 북두칠성 이야기

북두칠성은 지구의 북반구에 떠 있는 국자 모양의 별들의 집합체이다. 우리나라에서는 일곱별을 (국자 앞부분부터) 천추, 천선, 천기, 천권, 옥형, 개양, 요광이라고 부른다. 일명 탐랑성, 거문성, 녹존성, 문곡성, 염정성, 무곡성, 파군성으로도 불리는데 그 역할과 기능이 모두 다르다. 서양에서는 α(알파, 두베)별, β(베타, 메라크)별, γ(감마, 페크다)별, δ(델타, 메그레즈)별, ε(입실론, 알리오츠)별, ζ(제타, 미자르)별, η(이타, 알카이드)별로 부른다. 우리나라와 동양에서는 독립된 별자리이지만 서양에서는 큰곰자리의 일부분으로 여긴다.

북두칠성은 어릴 때부터 지금까지 밤하늘을 쳐다보며 늘 찾던 별자리이다. 지난 7월 두 딸이 대구로 이사하기 전날 밤, 밤하늘을 쳐다보면서 북두칠성을 중심으로 북극성, 카시오페이아, 북두칠성과 큰곰자리, 북극성과 작은곰자리를 찾던 기억이 떠오른다. 비슷한 모양의 별자리인 남두육성도 같이 찾았다. 궁수자리 혹은 주전자 모양의 별이라 하여 주전자별로 불리는 자리에 속한 여섯 개의 별자리, 남두육성과 북두칠성을 찾아서 목이 아프도록 밤하늘을 쳐다본 기억이 새롭다.

북두칠성은 나침반 역할과 시간을 측정할 수 있는 우리에게 매우 유용한 별자리이다. 북두칠성은 북극성을 중심으로 시계 반대 방향으로 하루에 한 바퀴, 한 시간에 15도씩 돌고 있다. 고대 로마에서는 북두칠성 옆에 있는 작은 별을 보고 병사들의 시력을 측정하는 척도로 사용하였다. 중국에서는 북두칠성을 인간의 죽음을 결정하는 별로 파악하였는데, 제갈량이 죽을 때 점으로 확인한 파군성이 바로 북두칠성의 일곱 번째 별에 해당한다.

북두칠성의 기운을 타고난 인물로는 김유신(등에 칠성무늬), 강감찬(문곡성), 정몽주(어깨 위 칠성 모양의 검은 점 7개), 한명회(등과 배에 북두칠성 모양의 반점), 그리고 안중근(가슴에 흑점 7개, 칠성이 응했다 하여 '응칠') 등이 있다. 우리나라에는 장례식을 치를 때 칠성판이라는 나무판자를 놓고 시신을 올리는 풍속이 있는데 칠성판은 나무판자에 북두칠성 모양으로 구멍을 뚫은 것이다. 죽음을 관장하는 북두칠성의 손에 망자를 맡긴다는 뜻이다. 한국의 민간신앙에서는 별을 신앙의 대상으로 삼는 일은 거의 찾아볼 수 없으나 북두칠성에 대한 신앙(칠성 신앙)은 매우 흔하다. 이는 불교와 도교의 영향을 받았기 때문이다. 이와 관련된 대표적 유적지가 운주사 칠성바위이다. 몇 해 전에 아내와 함께 운주사에 갔을 때 산 위 칠성바위를 찾았지만, 아쉽게도 여섯 개의 커다란 원형 돌만 볼 수 있었다. 원래 여섯 개였는지, 아니면 홍수로 인한 유실 혹은 분실로 여섯 개만 남은 것인지 아직 그 이유를 정확히 모르고 있다.

하늘의 모든 별의 중심(자미원)에는 북극성이 자리 잡고, 바로 가까이에 북두칠성이 북극성 주위를 24시간마다 한 바퀴씩 돈다. 우리나라에는 북두칠성을 따라서 28수와 오위(五緯: 목, 화, 토, 금, 수성)

가 따라 움직인다는 믿음이 있다. 고구려 별자리 그림은 28수라는 28개의 별자리를 중심으로 그려져 있다(대표적인 사례 '천상열차분야지도'). 28수는 하늘의 적도를 따라 그 근처에 있는 별들을 일곱 묶음으로 나누어 동서남북 방향을 정해 놓았다. 그 동서남북을 지키는 수호신이 바로 청룡, 백호, 주작, 그리고 현무이다. 경주시에서 상징물로 정한 것은 북두칠성의 여섯 번째 별인 무곡성이다. 무곡성은 하늘의 오곡을 저장하는 창고이며, 위성(危星)이라 불리기도 한다. 무곡성은 일곱별 중에서 가장 위력적인 별이다. 인간의 수명을 연장하는 길성(吉星)인 무곡성은 율(律)에 해당하며 목(木)을 주관한다. 양기를 열어준다는 뜻으로 개양성이라고 불린다. 경주시가 개양성을 시의 상징으로 정한 이유를 충분히 읽을 수 있다. 코로나(COVID-19)로 매일 수만 명씩 죽어 나가는 현재 세계의 상황을 고려하면 더욱 그러하다.

별을 관찰하던 곳, '첨성'대

시 로고에도 첨성대에서 바라본 별을 넣어 두고 있다. 로고의 여섯 개의 점은 첨성대에서 바라본 별을 소재로 하여 신라 건국의 기초가 되었던 육촌(六村)을 나타낸다. 왕관은 경주의 위상을 표현하고, ㄴ자 형은 첨성대의 문을 상징하며, 온 세계를 향해 열려 있는 경주의 이미지와 미래로 뻗어 나가는 기운을 나타낸다. 경주시와 논의한 결과 시 로고 사진은 쓰지 않기로 하여 생략한다.

첨성대의 모양과 구조는 천문대임을 유추하게 해 준다. 상원하 방(上元下方)의 우아한 형상은 하늘은 둥글고 땅은 네모지다는 천원지방(天元地方)을 상징한다. 첨성대를 만든 362개 안팎의 돌은 음력 1년의 일수를 나타낸다. 27단의 몸통은 선덕여왕이 27대 왕임을 암시하며, 꼭대기 우물 정(井)자 모양의 돌을 합치면 29단과 30단이 되는데 이는 음력 한 달의 날수와 일치한다. 가운데 창문을 기준으로 상단 12단과 하단 12단으로 나뉘는데 이는 각각 1년 12달, 합치면 24절기에 대응된다. 28단은 별자리 28수를, 맨위 정자석은 선덕여왕의 탈출구이자 염원의 이상향, 우물을 상징하고 있다.

문헌 기록에도 첨성대가 천문대의 역할을 했다고 전한다. 『삼국사기』와 『문헌비고』에서 첨성대가 천문대의 역할을 했다는 기록을 찾아볼 수 있으며, 『세종실록』과 『신증동국여지승람』에서도 첨성대 안을 통해 사람이 오르내리면서 천문을 관측했다는 기사가 있다. 첨성대를 세운 선덕여왕 대를 기준으로 기록을 보면, 천문기록의 양이 무려 4배나 늘었고, 특히 수성, 금성, 화성, 목성, 토성 등 5 행성에 관한 기록이 늘어난 것을 알 수 있다. 첨성대를 현대적으로 해석한 학자들도 대부분 천문관측대라고 주장하고 있다. 이들은 첨성대 위에 목조건물과 혼천의 같은 관측기를 설치했거나, 첨성대를 개방형 돔 형태의 관측소로 사용했을 것이라고 주장한다. 심지어 첨성대 자체가 해시계의 바늘 역할인 규표였다고 주장하는 학자도 있다.

그렇다면, 첨성대에서 구체적으로 어떻게 천문을 관측했을까? 이는 기록을 통해서 유추해 볼 수 있다. 고려시대 "막대를 세워 그늘을 재고 해와 달을 관측한다. 대 위에 올라가 구름을 보며 별을 가지고 점을 친다"라는 기록이 있다. 결국, 첨성대는 하늘을 알고자 했던 신라인의 지혜가 담긴 천문관측소이자, 기성 권력구도에서 벗어나고자 한 선덕여왕의 의도와 백성을 사랑하는 마음이 함께 어우러진 건축물임을 알 수 있다. 신라인은 첨성대에서 1년의 월일, 해와 달의 운행, 일식과 월식, 그리고 절기를 관찰하였다. 최초 여왕으로서의 간곡한 염원을 담아 하나씩 또 하나씩 돌을 쌓아 올린 첨성대는 달력과 천문 기상을 읽고 그것을 책력으로 만들기 위한 곳이었다.

필자는 첨성대에서 한 시간 이상 머무르면서 조상의 지혜와 신라인들의 솜씨에 감복하였다. 그러나 솔직히 이곳에서 한 시간 이상 머문 이유는 첨성대의 의미를 아내에게 설명한 후, 두 사람이 첨성대의 상·하단, 혹은 좌우로 나누어 돌의 숫자를 세 번이나 세었기 때문이다. 세 번이나 꼼꼼히 세어 보았지만, 여러 가지 이유로 돌의 정확한 개수를 알 수가 없었다. 다음 기회에 반드시 정확한 숫자를 알아보기로 하고 다음 장소로 이동하였다.

여행을 마치며

　지금까지 내 기억으로는 어느 한 곳을 '의무적'으로 여행하면서 촬영을 하거나 둘러본 적이 거의 없다. 하지만 코로나로 모처럼 아내와 함께 하는 시간이었고 스트레스로 지친 심신을 다독이는 시간이었다. 아내와 푸른 바다와 단풍이 물든 아름다운 경관을 함께 하고 맛있는 음식을 맛볼 수 있어서 아주 좋았다. 일상의 소중함을 제대로 느낀 하루였다. 독자 여러분도 8색을 중심으로 경주를 한 번 둘러보는 것은 어떠신지요?

월성과 경주 읍성, 도시 공간을 설계하다

권은주

"일상을 살아가면서 내가 사는 공간, 우리가 사는 공간에 대해 깊이 들여다본 적이 있습니까? 평소 매일 지나가던 길이지만, 어 저 건물이 원래 저 자리에 있었던가? 어 저 집 지붕 색이 저랬나? 이 골목은 뭔가 사연이 있을 것 같은데? 옛날 이 땅에는 누가 살았을까? 라는 의문이 문득 든 적은 없나요?"(필자가 독자에게 던지는 질문)

역사 공간, 경주의 옛 모습을 그려보다

역사는 거창하게 말할 것 없이, 사람들의 이야기이다. 사람들이 시간 속에 특정 공간을 의지해 살아간 이야기, 그 가운데 기록되어 집단이 함께 기억하는 우리의 이야기가 역사이다. 그런데 과거에는 지배층 중심의 사건을 위주로 이야기를 풀었다면, 요즘은 권력에서 소외된 사람들, 타자화된 일반 사람들과 옛사람들이 살았던 공간에 대해 좀 더 관심을 두게 되었다.

오래된 역사를 가진 도시는 그 나름대로 공간의 이야기를 지니고 있다. 이들 공간의 이야기는 시간이 지나면서 기억 속에서 사라지고, 흔적의 극히 일부만이 역사책 속에 남는다. 다행히 지금 우리가 살필 경주는 그래도 눈에 그려지는 이야기가 풍부한 편이다. 그것은 기록뿐만 아니라 발굴과 고고학 연구가 더해져 역사 도시 경주를 입체적으로 그릴 수 있게 도와주기 때문이다.

그런데 역사 공간으로서의 옛 경주는 지금의 모습과는 사뭇 다르다. 처음에 사람들이 살았던 마을이나 도시는 자연발생적이었겠지만, 어느 정도 사회가 발전하면 당시 필요에 따라 공간에 대한 계획, 통제, 정비의 과정을 겪을 수밖에 없다. 이것은 지금도 마찬가지이다.

그럼 옛 경주는 어떠한 공간 설계와 모습을 가졌을까? 이번 여행은 월성과 경주 읍성을 거닐며 현대의 시공간에서 고대와 중세시기 경주의 도시 공간의 모습을 그려보는 여정이다. 신라 천년을 상징하는 월성과 고려와 조선 천년을 상징하는 경주 읍성으로 출발!

고대 경주의 중심, 월성 그 특별함에 대하여...

월성, 참 많이도 갔다. 가족 여행도 갔었고, 수학여행도 갔었고, 답사도 갔었고, MT도 갔었고... 한국 고대사를 공부하여 업으로 삼고 있는 필자는 지금도 이곳에 자주 가는 편이다. 그리고 경주를 방문하는 사람들 중 상당수는 직접 월성에 들어가 보진 않았어도, 그 앞 첨성대나 대릉원, 경주박물관 등을 다녀가며 지나가면서라도 보았을 것이다.

월성 성돌(좌), 신라 토기(중), 월성 외곽 펜스와 핑크뮬리(우)

이 글을 쓰기 얼마 전 갔었던 월성 앞에는 핑크뮬리가 심겨있어, 코로나 팬데믹에도 꽤 많은 관광객이 사진 촬영을 하고 있었다. 보통 월성에 들어갈 때는 대릉원 앞에서 첨성대 옆길을 지나 월성의 북쪽 문으로 들어간다. 이날은 월성 외곽에 발굴 펜스가 둘러져 있어 박물관 옆쪽 동벽으로 올라갔다. 이 길로 올라가면 북벽을 따라 예전에 쌓았던 성돌을 확인할 수 있다. 성벽 위에는 도토리나무가 많아 도토리를 줍는 사람도 있었고, 신라 시기의 토기편도 간혹 보였다.

모양이 반달을 닮아서일까. 월성은 반월성으로도 불린다. 하지만 실제 하늘에서 내려다본 모습은 초승달을 더 닮았다. 그런데 신라 시대에는 월성이란 이름은 있어도 반월성이라는 이름은 쓰이지 않았다. 그래서 월성은 닭을 토템으로 하는 김씨(金氏) 세력이 살았던 곳으로 '닭(달)'을 훈차하여 한문식으로 표기한 데서 유래한 이름으로 보기도 한다.

그렇다면 월성이 언제부터 고대 경주의 중심, 즉 왕성이 되었을까. 왜 왕성을 월성이 있는 자리에 쌓았을까. 왕성은 수도의 중심을 이루는데, 중심에는 두 가지 의미가 있다. 하나는 역할을 의미하고, 하나는 공간의 위치를 의미한다. 왕성이 수도의 정치·경제·문화의 중심 역할을 했다는 것은 상식이라 따로 말할 필요가 없을 듯하다. 그리고 도시의 중심 역할을 하기 위해서는 일반적으로 그 지역에서 가장 중심에 위치하는 것이 효율적이다. 고대 중국의 왕성은 『주례(周禮)』 「고공기(考工記)」를 따라 조성되었다. 주나라의 왕성은 외성으로 둘러싸인 왕경(王京: 수도)의 중앙에 있었는데, 한동안 중국에서는 위치상 중심에 있는 왕성이 주를 이루었다. 그러나 남북조시기에 유목민족이 남하하여 정복 왕조의 수도를 건설하면서, 왕성이 왕경의 북쪽에 위치하는 계획도시가 출현하였다. 이후 이러한 형태는 당나라 장안성(長安城)이 전범(典範)이 되어 동아시아 여러 나라에서 유행하였다. 대표적인 예가 발해의 상경성(上京城)이다.

그런데 월성과 신라 왕경은 『주례』와도, 동아시아의 유행과도 달랐다. 이것이 신라 왕성과 왕경의 특징이자 정체성이라고 할 수 있다. 경주가 고대 도시로 발전하기 전 형성된 자연 촌락은 분지보다는 외곽의 산자락이나 구릉지대에 먼저 터전을 잡았다.

경주 분지는 탁 트여 방어가 힘들고, 물줄기가 많아 범람의 위험도 있어, 세력이 크지 않고 토목기술이 발전하지 못한 시기에는 그렇게 매력적인 땅이 아니었다. 외곽에 자리 잡았던 자연 촌락들은 정치적으로 결집하여 일명 6촌(村)으로 성장한다. 이들이 나중에 사로국 6부(部) 그리고 신라 6부의 모태가 된다. 그리고 이 6부를 중심으로 신라의 왕경이 성립되며, 왕성을 중심으로 도시 계획이 이뤄졌다.

왕성 축조와 관련해서는 『삼국사기』 혁거세왕 21년(서기전 37)조에, 경성(京城)을 축조하여 금성(金城)이라 하였다는 기록이 있다. 월성과 관련된 기록은 파사왕 22년(201)에 월성을 축조하고, 왕이 옮겨 살았다고 나온다. 금성과 월성이 같은 것인지 그리고 우리가 알고 있는 월성과 같은 것인지에 대해서는 논란이 있다. 발굴 결과 지금의 월성은 4세기대에 축조된 것으로 밝혀졌다. 4세기는 사로국에서 신라로 변화하던 시기이며, 김씨가 왕권을 독점하여 왕권 강화를 통해 왕이 마립간으로 불리던 시기이다. 바로 이때부터 현재 월성을 중심으로 한 도시 계획이 본격적으로 시작되었다.

그 이전 사로국 원주민들의 주거주지는 중심부가 아닌 주변부였고, 경주 분지와 중심부는 제대로 개발되지 못했다. 후발 이주민인 김씨 세력이 6촌 세력의 거주지를 피해 남은 공간인 월성 일대에 정착했는데, 이들이 권력을 잡게 되면서 비로소 월성은 정치·경제·문화의 역할 중심이 되었다. 그리고 월성은 경주 분지만을 놓고 볼 때는 남쪽에 위치하지만, 6촌에서 6부로 개편된 전체 왕경의 공간에서 거의 중심에 위치하였다. 월성을 중심으로 왕궁 시설과 관사가 들어서며 정치적 위계를 보여주는 도시 공간이 갖추어져 갔다.

계림로와 태종로 교차점에서 바라본 대릉원

고대 경주의 특징적인 도시경관을 꼽으면 고총 고분을 빼놓을 수 없다. 경주 도심에 있는 고총 고분들은 3세기경부터 형성되었고, 5세기 무렵에는 대형고분이 들어섰다. 이 대형고분들은 월성 서북쪽의 노동리, 노서리, 황남리, 황오리에 몰려있는데, 첨성대를 중심으로 원형 방사선으로 배치되었던 것으로 추정하기도 한다. 고분을 왕성과 가까운 중심부에 축조한 것은 제례 공간을

통해 지배층의 권력에 신성성을 부여하며 정당화하는 공간 설계
와 활용을 보여준다.

　이후 신라가 성장하면서 권력과 물산과 인구가 왕경에 집중되
자, 왕경에 대한 좀 더 체계적인 활용이 필요해졌다. 그리고 유교
적인 정치이념을 구현하기 위해 제례장소인 왕릉을 중심부에서
외곽으로 나가 조성하였고, 6세기대부터 중국식 격자형 방리제
(坊里制)를 시도하였다. 월성 해자에서 발견된 목간에는 모량부
소속의 중리, 상리, 신리, 하리 등 리(里)의 이름이 확인된다. 그러
나 이미 6촌 단계부터 마립간 시기까지 형성된 도시경관을 완전
히 해체하고, 전형적인 방리제를 실시할 수는 없었다. 게다가 산
과 하천이라는 자연환경의 제약도 있었기 때문에 신라 말까지
방리제를 확대해 갔지만, 경주 전체 지역을 동일한 행정체제로
구획하지는 못했다. 특히 왕성인 월성을 그대로 두고 이동하지
않았기 때문에, 경주는 신라 특유의 왕경 경관을 가지게 되었다.

　경주는 통일신라 시기 국제도시로 발전하는데, 헌강왕 대에
이르면 6부(部)-55리(里)-1,360방(坊)의 구획을 지녔고, 금입택(金
入宅)으로 불리는 35개의 대저택이 있었다. 인구는 178,936호(戶)
로, 1호당 4~5명으로 계산한다면 약 70~90만에 달하였다. 이렇게
많은 인구를 효율적으로 수용하기 위해서는 구획과 도로 정비가
필수이다. 황룡사지 주변의 발굴을 통해 정방형에 가까운 구획
정비 그리고 15.5m와 5.5m 폭의 도로 등이 확인되었다. 도로의

경우 여러 차례 보수 흔적이 보여, 도시 정비와 관리가 지속적으로 이뤄졌던 것을 알 수 있다. 이러한 흔적을 통해 도시 정비가 월성을 기준으로 중심부에서 먼저 시행되었고 외곽으로 확장되어 간 것을 알 수 있다.

경주 읍성, 중세 도시로 거듭나다

경주 읍성은 고대 도시 경주가 중세 도시로 탈바꿈한 대표적인 상징이다. 월성 앞 첨성대를 기준으로 경주 읍성까지는 도보로 약 20분 거리이다. 날씨가 좋은 날은 산책하기 딱 적당한 거리이다. 가는 길에 대릉원을 들러도 좋고, 핫플레이스인 황리단길을 들러도 좋다. 필자는 계림로 공영주차장에 차를 대고, 패션의 거리를 구경하며 경주 읍성으로 향했다.

경주 읍성은 고려 현종 3년(1012)에 처음 축조되었다. 그런데 왕조가 교체될 때 새 왕조는 자신의 권위와 정체성을 세우기 위해 전 왕조의 흔적을 없애고 새로 도시 설계를 하는 경우가 많다. 그에 따라 새로운 도시경관이 만들어진다. 그렇다면 중세 도시로서의 경주는 어떠했을까. 답은 '그렇기도 하고, 아니기도 하다'이다. 경주는 신라 말 경애왕 때 견훤의 침략으로 성안이 훼손되었지만, 사찰과 도시 자체는 크게 파괴되지 않았다. 그리고 경순왕이 935년 고려 태조 왕건에게 귀순하며 전란의 피해를 피했다. 태조는 경순왕과 경주의 지배층을 개경으로 옮겼지만, 경순왕을 경주의 사심관으로 삼고 경주를 식읍으로 주었다. 그 결과 옛 신라의 지배층이 여전히 이곳의 유력층으로 남아 있게 된다. 태조 23년(940) 6부의 이름을 중흥부, 남산부, 통선부, 임천부, 가덕부, 장복부 등으로 변경했지만, 그 근간은 신라에서 이어진 것이다. 그러므로 경주의 인적 구성과 도시 공간의 기본은 크게 바뀌지 않았다.

새로 도시 정비가 이뤄지는 것은 바로 경주 읍성이 축조되면서이다. 고려 건국 시기의 혼란이 가라앉고 지방에 대한 지배력도 강화되면서 경주 읍성이 축조되었다. 『고려사』에 보면 이 해에 월성의 정궁(正宮)으로 생각되는 조유궁(朝遊宮)의 건축 재료로 황룡사 탑을 수리했다는 기록이 보인다. 경주 읍성이 축조되던 무렵에는 신라 왕성인 월성이 훼손된 것을 알 수 있다. 그런데 월성 인근은 이미 고총 고분과 경순왕 및 유력층의 사택과 사원이 많은 공간을 차지하고 있어서, 이곳에 읍성을 새로 조성하기는 힘들었을 것이다. 그래서 평지 지역이면서 새롭게 도시의 중심을 조성하기 좋은 지금의 자리에 읍성을 쌓은 것으로 보인다.

경주는 동경(東京)과 동도(東都)라고 불리며 고려의 수도인 개경 다음의 권위를 지녔고, 경상도 지역의 주요 거점 도시로 기능했다. 고려 말 이재현은 상주목사로 부임하는 안축을 전송하는 시에서 "동남의 주군(州郡)에서 경주가 크고 다음이 상주인데, 그 도의 이름을 경상이라 함은 이 때문이다"라고 하였다. 고려 시기 경주의 성세는 무인정권 때 김극기가 황룡사 구층탑에 올라 "동도의 아주 많은 집이, 벌집과 개미집처럼 아득히 보이네"라고 한 시 구절에서도 확인된다.

경주읍내전도 (국립문화재연구소 소장)

고려 시기 경주는 읍성이 설치되며 새로운 도시경관을 갖추지만, 신라 때의 모습을 많이 보존하고 있었다. 특히 조선 시기와 차이 나는 것은 경주 분지에 건립된 수많은 사찰이다. 신라는 불교를 받아들인 뒤 불국토를 왕경에 구현하려고 했다. 토착 신앙의 신성한 장소들이 불교 성소로 전환되었다. 왕경 중심부의 가장자리를 따라 주요 사찰들이 배치되고, 호국사찰로서 고총고분과 함께 왕경 중심부를 성역화하였다. 고려 역시 불교 국가였기 때문에 신라 때 만들어진 사찰 상당수는 그대로 존속했고, 경주 도시의 주요 경관을 이뤘다.

그런데 『신증동국여지승람』 등을 보면, 고려 때까지 확인되는 황룡사, 흥륜사, 영묘사, 봉덕사, 분황사, 사천왕사 등 많은 사찰이 조선 초에 이미 유적화된 것을 알 수 있다. 고려 말 왜구의 피해를 입은 절도 있지만 대부분 조선 태종 때 절의 토지를 공유지화하며 폐사되었고, 숭유억불 정책으로 분지 내 사찰은 더 이상 남아 있지 않게 된다.

사찰들이 없어진 뒤 사찰의 건축 자재는 성벽이나 유력자의 집을 지을 때 사용되었다. 경주 읍성의 성벽에도 주변의 절에서 가져와 쌓은 탑재들이 발견된다. 현재 복원된 경주 읍성의 성벽 앞에는 이러한 탑재들이 전시되어 있다. 경주 읍성은 고려 우왕 때 개축되었는데, 조선 초에 재보수를 통해 여전히 경주의 중심 역할을 하였다. 『동경잡기』에는 임진왜란 때 남문인 징례문이

불타 인조 10년(1632)에 성을 고치면서 동·서·북문을 세웠다고 나온다. 이 징례문에는 현재 경주박물관에 소장되어 있는 성덕대왕신종(일명 에밀레종)을 달아 매일 울렸다고 한다. 그 뒤 영조 22년(1746)에 수리하며 둘레가 약 2.3km 정도로 확장되었다.

향일문(상), 경주 읍성 동벽과 석재(하)

경주 읍성을 중심으로 하는 도시 공간은 일제 강점기 이후 대부분 훼손되며, 중세 도시로서의 면모는 사라졌다. 따라서 우리가 경주의 이미지를 떠올릴 때 경주 읍성을 기억하는 사람은 거의 없다. 다행히 경주는 역사 도시인만큼 다양한 복원 계획을 가지고 있고, 경주 읍성도 2009년부터 발굴과 복원이 진행되었다. 2018년에는 동문인 향일문과 동성벽 324m 구간을 복원하여 준공식을 가졌다. 2030년까지 동성벽 남은 구간과 북문인 공신문과 북성벽 616m 구간을 복원할 계획이라고 한다.

향일문에 올라 군것질을 하며 올려다본 파란 하늘과 시원한 바람이 썩 마음에 들었기 때문일까. 아직 복원이 완료되려면 한참을 기다려야 하고, 복원 계획에 대한 비난도 많지만, 경주 읍성이 옛 모습을 회복할 그날을 기대해 본다.

현대에 재해석된 옛 도시 공간, 경주를 다시 설계하다

우리는 얼마나 옛날을 잘 기억하고, 그대로 복기할 수 있을까. 가끔씩 우리는 가족이나 친구 등과 예전 함께 경험했던 추억을 이야기한다. 그런데 함께 경험했던 추억이 서로 다르게 기억되는 경우가 종종 있다. 우리가 현재를 살아가면서 직접 경험한 것도 서로 다르게 기억되는데, 경험하지 못한 직접 보지 못한 역사를 제대로 복원할 수 있을까. 불가능하다. 또한 어떤 공간을 그대로 복원한다고 해도, 이미 그것을 느끼고 사용하는 사람이 달라지면 그 공간의 의미 역시 달라진다. 그렇기에 과거와 현재의 공간이 완전히 같다고 볼 수 없을 것이다. 그래서 우린 역사를 항상 재해석하며, 옛 도시 공간 역시 재해석되어 복원될 수밖에 없다.

경주는 전 도시가 역사 문물의 보고(寶庫)이다. 1968년 경주 일대는 역사 문물의 보존을 위해 국립공원으로 지정되었다. 1972년에는 경주관광종합계획이 수립되어 유적보존과 정화사업이 이뤄지며 역사관광 도시로 성장하였다. 1979년에는 유네스코의 세계 10대 유적지로 선정되었고, 2000년 12월 경주시 일대의 신라 유적과 유물은 '경주역사유적지구(Gyeongju Historic Areas)'라는 이름으로 세계유산에 지정되었다. 신라 천년의 수도인 경주의 역사와 문화를 고스란히 담고 있는 불교와 왕경 유적이 잘 보존되어 있고, 같은 세계유산인 일본의 교토, 나라의 역사유적과 비교해서도 유적의 밀집도와 다양성이 뛰어난 유적으로 평가받았다.

이제 경주는 월성을 포함한 신라 유적뿐만 아니라 경주 읍성 등을 복원하며 이천년의 역사 도시의 복원을 꿈꾸고 있다. 여기에는 단순한 복원만이 아니라 역사를 활용한 스토리텔링과 공간의 활용, 관광이 함께 진행된다. 경주가 가지고 있는 역사 자원을 이용하여 도시 이미지를 매력적으로 꾸미고, 이러한 도시경관을 통해 관광을 활성화해, 도시 경쟁력을 높이고 있다. 이 과정에서 바로 역사의 재해석, 공간의 재해석이 이뤄지며, 새로운 도시 설계가 이뤄지게 된다.

도시 개발은 긍정적인 면도 많지만, 개발에 치중하다보면, 난개발과 원주민이 밀려나는 젠트리피케이션 등의 문제를 낳는다. 특히 역사 도시의 경우 잘못된 복원은 역사 공간의 왜곡으로 이어진다. 경주는 산으로 둘러싸여 있고, 하천이 많아 그 자체로 독특한 자연 경관을 이루고 있다. 그리고 그러한 환경에 순응하고, 환경을 이용한 인문 경관을 이뤄왔다. 신라 천년의 왕경, 고려와 조선 천년의 지역 거점 도시 경주. 이천년의 역사 도시를 재해석하여 옛 공간을 잘 보존하고 복원하면서 관광개발을 조화롭게 이뤄내며 도시 설계를 실현하는 것이 역사 도시 경주의 영원한 과제이다.

나의 경주 이야기: 놀이터에서 문화콘텐츠로

서명욱

'나의 경주 이야기'에 앞서

어떤 공간이나 장소는 물질적이거나 객관적으로만 설명될 수 없고, 인간의 경험과 그로 인한 감정 등과 연결되어 있다. 공간과 장소를 기억하는 방식이나 특정 장소에 대한 감정이 다양한 것도 이러한 사실과 관련 있다.

인문지리학자 이-푸 투안은 "공간에 가치를 부여하면 그곳은 장소가 된다"고 이야기했다. 그에 따르면, 획일적이고 동질적인 개념으로서 '공간'은 그곳을 바라보는 인간의 의식과 경험이 반영되어 의미를 지니게 되는 '장소'가 된다.

우리가 어떤 곳을 이야기해야 한다면, '그곳은 나의 어떤 경험과 이어지는가? 그래서 그곳은 나에게 어떤 의미와 가치로 채워지는가?'라는 질문에 대한 답변이 되어야 할 것이다. 앞으로 펼쳐

질 이야기는 경주라는 공간에 나의 경험과 의식이 더해져 나의 장소가 되는 내용을 담게 될 것이다.

천년 고도 경주의 역사적 지층은 도시 전체에 아로새겨져 있다. 국보, 보물, 지역 문화재로 지정된 다양한 문화재가 경주 여러 지역과 박물관에 산재해 있으며, 양동마을과 옥산서원 등은 유네스코 세계문화유산으로 지정되었다. 경주는 대한민국뿐 아니라 세계적인 문화유산 도시인 것이다.

이러한 역사 문화적 자산을 기반으로 하여 경주는 대한민국의 대표 관광지로서 다양한 인프라가 구축되어 있다. 최고급 호텔과 콘도를 비롯하여 다양한 형태의 숙박시설과 먹거리와 볼거리, 즐길 거리가 풍성하다. 이러한 인프라를 기반으로 각종 대형 행사 및 축제와 국제회의 등이 성공적으로 개최되고 있으며, 역사 문화유적과 연계하면서도 젊은 세대가 환호하는 새로운 즐길 거리가 경주 시내에 들어서고 있다. 황리단길을 중심으로 형성되는 작은 가게와 식당 등에는 청년들과 가족 중심의 관광객들이 몰려들고 있다.

자, 이쯤에서 우리가 아는 경주 이야기는 마치고, 나의 경주 이야기를 시작해보려고 한다.

경주, 나의 귀한 놀이터

경주는 내 인생의 소중한 추억이 담긴 곳이다. 초등학교(당시는 '국민'학교) 수학여행의 추억이 제일 앞선다. 강원도에서 태어나 초등학교 5학년 때 대구로 이주한 나는 초등학교 6학년 수학여행으로 경주를 처음 가보았다. 경주로의 수학여행은 책과 TV에서 보았던 불국사며 석굴암, 첨성대, 다보탑 등 국보급 문화재를 직접 본다는 감동도 있었지만, 어쩌면 중학생이 되어 다른 학교로 헤어질지도 모르는 친한 친구들과의 마지막 여행이라 더 큰 의미가 있었다. 공부보다는 노는 것이 더 좋았던 나와 나의

수학여행의 성지 불국사

친구들은 수학여행 내내 미니 자동카메라로 우리의 추억들을 열심히 필름에 담았고, 한동안 그 사진들은 우리를 그 시간 속에 머물게 하였다. 지금도 그 친구들을 만날 때면 그때의 추억들을 소환하여 초등학교 6학년 때의 순수한 시절로 돌아가곤 한다. 그 시절 경주는 우리들의 재미난 놀이터였다.

물론 이러한 추억은 나만의 것은 아니다. 40대 이상의 대한민국 국민이라면 나와 같은 경주에서의 수학여행의 추억을 간직하고 있을 것이다. 우리 또래에게 초등학교 6학년 수학여행은 일종의 통과의례적 의미가 있다. 요즘이야 어린이집이나 유치원에서 유아기 교육을 받은 후 초등학생이 되지만, 내 어릴 적에는 초등학교에 가서 비로소 교육다운 교육을 받게 된다. 말하자면 초등학교에서 학생이 되는 최초의 경험을 하게 되는 것이다.

초등학교 수학여행은 최초의 학생 경험의 시간을 정리하고, 중학교 입학이라는 새로운 문턱을 넘기 전에 가지는 일종의 의례행사다. 지금은 초등학생들의 발육상태가 무척 좋아서 초등학교 3-4학년만 되면 사춘기가 온다고 하지만, 내 어린 시절에는 중학생이 돼서야(혹은 6학년 정도는 되어야) 사춘기를 맞이했다. 우리 때 수학여행은 이제 새로운 시작, 말하자면 사춘기의 세계로 진입하는 소년·소녀들을 위한 제의로서 의미를 찾아볼 수 있으리라. 오십을 훨씬 넘긴 우리가 이 시절 수학여행을 잊지 못하는 것은 바로 여기에 있는 것은 아닐까? 이런 의미에서 경주는 우리에게

벚꽃이 한창인 보문단지

제의적 의미와 잇닿는 성스럽고 귀한 놀이터가 아닐까 싶다.

　내가 경주를 다시 찾은 것은 대학교 3학년 무렵, 한창 연애할 때였다. 보문호를 따라 아름답게 조성된 보문 산책로는 최고의 데이트 코스로 입소문을 타던 때였다. 보문관광단지는 1970년대에 수립된 경주종합개발계획 사업 이래, 일대의 240만 평 면적의 종합 관광휴양지로 조성되었다. 거대 인공호수인 보문호를 중심으로 그 둘레를 따라 특급 호텔과 콘도, 각종 레저 및 휴양시설이 들어서면서 보문관광단지는 경주의 대표적인 관광명소가 되었다. '대한민국 관광의 역사, 이곳에서 시작되다'라는 기념비가 있을 정도로 경주 보문단지는 대한민국의 대표 관광지로 명성을 누렸다. 군 복무 후 대학 복학을 하면서 한창 연애를 하던 1990년대 초, 내가 새롭게 만난 경주는 바로 그 보문호를 따라 새로운 의미로 다가왔다.

당시 복학생들은 캠퍼스에서 독특한 의미를 지닌 존재들이었다. 후배들에게 허세를 부리며 옛날 옛적 전설 같은 이야기를 해댔지만, 실상은 말발이 전혀 먹혀들지 않았고, 특히 여자 후배들에겐 거의 인기가 없었다. 나와 나의 그녀 또한 그랬다. 나를 존재감 없이 대하던 그녀와 운명처럼 가까워지게 되었고, 본격적으로 연애를 하게 되었다. 그 연애 시절에 제일 많이 찾은 곳 중 하나가 바로 경주였다.

셀카봉이 없던 시절이라 무거운 삼각대를 설치하고 타이머 셔터를 누르곤 부리나케 뛰어와 그녀 옆에 섰다. '찰칵' 소리와 함께 사랑의 한때를 필름 속에 담았다. 디지털카메라가 아니라 필름 카메라를 사용했던 시절, 비싼 필름 값을 절약하고자 사진 한 장 한 장을 얼마나 정성 들여 찍었는지 지금 생각해도 웃음이 절로 난다. 한여름 때라 반나절을 그러고 나면 이마에 땀이 송글송글 맺히곤 했었다. 지금의 나의 아내가 된 그녀는 그때의 나의 성실함 때문에(물론 그것이 전부는 아니다!) 결혼을 결심했다고 하니, 그 시절 경주는 나에게 사랑의 놀이터였다.

경주, 세계문화엑스포로 다시 만나다

내가 경주를 다시 만난 건 1998년 대한민국 최초의 문화박람회인 '98경주세계문화엑스포'가 개최되면서였다. 한국에서 개최된 그간의 엑스포가 산업 중심의 박람회였다면, 경상북도와 경주시가 공동주최한 '경주세계문화엑스포'는 문화 중심의 박람회로서 엑스포의 패러다임이 전환되는 큰 의미가 있는 행사였다. '98경주세계문화엑스포'는 공식 참가국 48개국에서 7,000여 명이 참가하고 누적 관람객 340만 명을 기록한 대한민국 대표 엑스포로 평가받았다.

나는 이 역사적인 현장에 공식 개막 축하행사의 담당자로 참여하였다. 이전까지 문화 행사의 개막식은 일반적으로 실내에서 기념식 위주로 진행되었지만, 나는 그러한 관행에서 벗어나 경주의 대표 문화유적지인 대릉원에서 경주시민과 함께 즐기는 대형 축하행사를 진행하자고 엑스포 조직위원회에 제안했다. 주최 측에서 이 제안을 받아들여 공식 기념식은 1부에서 간결하게 진행하고, 2부에서는 국내 최고의 인기가수를 초청하여 시민들이 함께하는 축제의 장을 열었다. 이날 행사에는 8천여 명의 시민들과 외국인들이 함께했는데, 천년 고도에서 K-Pop을 직접 보고 즐김으로써 한국의 전통과 현대 문화를 다양하게 체험하는 시간이 되었다.

98경주세계문화엑스포 개막공식행사

　개막 축하쇼의 반응은 엄청났다. 함께 한 경주시민뿐 아니라 전국에서 모여든 관광객들의 입소문을 타며 경주문화엑스포에 대한 관심과 위상이 한층 높아지게 되었다. 이것을 계기로 엑스포 조직위원회는 행사 기간 동안 주말 문화공연의 기획 및 진행을 TBC에 요청하였다. 이에 첨성대, 천마총 등 천년 고도 경주의 문화와 역사가 담긴 유적지에서 작은 규모의 미니 콘서트 등을 진행하였고, 이 기간에 경주를 찾는 많은 관광객과 경주시민들은 문화와 예술(음악과 시낭송 등 각종 거리문화 행사)이 있는 경주의 주말을 즐겼다.

　이처럼 경주세계문화엑스포 문화공연을 기획, 진행하면서부터 경주는 내게 신라 천년의 문화 예술을 간직한 소중한 문화 공간으로 다가왔다. 내 마음속의 귀한 놀이터에서 천년 고도의 문화를 담은 일종의 문화콘텐츠로 내게 다가온 것이다. 문화(culture)와 콘텐츠(contents)를 결합해 만든 신조어인 문화콘텐츠는 미디어 영역과 연계되면서 '문화적 존재로서 인간'이 이끌어낸 '문화적 요소가 체화된 콘텐츠'라는 비교적 넓은 개념으로 이해되는 한편, '인간 삶의 질적 가치의 제고를 위하여 문화적 전통과 현상을 특정한 매체를 통해 현대화(동시대화)하는 일련의 행위'로 정의되고 있다. 천년 고도 경주에 담긴 선조들의 삶의 방식들, 문화적 전통들이 '98경주세계문화엑스포'를 플랫폼으로 하는 다양한 매체와 콘텐츠를 통해 지금 여기에 사는 현대인들에게 생생하게 전달되고 있는 것이다. 천년 고도 경주를 문화콘텐츠로 재생산하여 동시대인들과 향유하는 귀한 자리에 함께한 것을 나는 매우 자랑스럽게 생각한다.

경주시민과 함께하는 세계문화 공연

1998년 경주세계문화엑스포의 성공 이후 경주세계문화엑스포는
지속적으로 개최되며 성장과 변화를 거듭하게 된다. 두 번째인 2000
년 행사에서는 더 큰 규모(81개국, 9000명 참가)로 진행됨으로써 경
주의 문화적 위상을 높이고 대외이미지를 홍보하는 효과를 누렸다.
또한 지역 문화 창작 유발 효과 및 지역주민의 문화향유 기회 제공과
더불어 문화인프라 축적으로 상시개장 기반을 구축하는 계기도 마련
하는 성과도 거두었다. 동국대학교 관광산업연구소에서는 경주세계
문화엑스포의 성공으로 지역 경제, 문화산업적 파급효과가 생산유발
효과 3,182억 원, 소득유발효과 777억 원, 고용창출 효과 22,000명에
이른다는 발표를 하기도 하였다.

행 사 명	참가국	관람객	주 제
98경주세계문화엑스포	48개국(7,000명)	304만명	새 천년의 미소
경주세계문화엑스포2000	81개국(9,000명)	172만명	새 천년의 숨결
2003경주세계문화엑스포	55개국(10,000명)	200만명	천마의 꿈
앙코르-경주세계문화엑스포2006	30개국(10,000명)	42만명	오래된 미래-동양의 신비
경주세계문화엑스포2007	35개국(10,000명)	140만명	천년의 빛, 천년의 창
2011경주세계문화엑스포	49개국(10,000명)	155만명	천년의 이야기-사랑, 빛 그리고 자연
이스탄불-경주세계문화엑스포2013	40개국(10,000명)	487만명	길, 만남 그리고 동행
이스탄불in경주2014	터키 이스탄불시가 경주에서 주최한 행사		
실크로드경주2015	47개국(10,000명)	145만명	유라시아 문화특급
호찌민-경주세계문화엑스포2017	30개국(8,000명)	388만명	문화교류를 통한 아시아의 공동 번영
2019경주세계문화엑스포	5개국(2,000명)	89만명	문화로 여는 미래의 길

경주세계문화엑스포 개최 현황

경주는 더 이상 우리나라만의 문화 공간이 아니라 세계인들과 함께 공유하고 나누는 지구촌의 문화 예술 공간이 된 것이다. 경상북도와 경주시는 문화 예술 전공자, 전시 전문가, 엔지니어 등 관련 전문가들로 구성된 '재단법인 문화엑스포'를 설립하여 경주세

264 작은 문학관에서 함께 한 '시 읽는 수요일'

계문화엑스포의 성공을 위해 고군분투 중이다.

경주의 또 다른 얼굴, 제6회 세계인문학포럼 인 경주

우연한 기회에 대구경북인문학협동조합의 조합원이 되면서, 인문학에 문외한이었던 내 삶에 조금씩 변화가 생기기 시작했다. 사람살이에 대한 관심과 더불어, 인문학 서적을 함께 읽고 삶을

나누는 재미도 알게 되었다.

　인문학 관련 자료를 찾아보다가 우연히 알게 된 세계인문학포럼은 2년에 한 번 열리는 행사로, 인류가 직면하고 있는 중대한 도전을 인문학적 관점에서 성찰하고 인류의 미래 비전과 대안을 모색하는 국제적인 인문학 행사다. 우연한 기회로 조직위원회가 공고한 대행사 선정 모집에 응모하게 되었고, 치열한 경합 끝에 세계인문학포럼의 대행사로 선정되었다.

　이번 세계인문학포럼은 올해 6회째로, 교육부, 경상북도, 경주시, 유네스코 한국위원회가 공동주최하고, 한국연구재단이 주관하며, 대구경북연구원에서 사무국 운영을 맡았다. 행사는 2020.11.19(목)부터 3일간 경주 보문단지에 위치한 화백컨벤션센터에서 개최되었다. 우리 지역(대구 경북)에서 처음 개최된 이번 포럼은 천년 역사의 도시, 경북 경주에서 <어울림의 인문학-공존과 상생을 향한 노력>을 주제로 열렸다. 다양한 문화, 종교, 예술이 공존, 상생해온 경주의 역사가 '어울림의 인문학'이라는 이번 주제에 가장 부합하기 때문에 그 의미가 더 크다.

　25개국 159명의 세계적 인문학자들이 참여한 이번 포럼은 코로나 팬데믹으로 많은 혼란과 고통 속에서 인문학의 가치가 더욱더 절실한 상황에서 치러졌다. 많은 외국학자들이 온라인 비대면으로 참가한 이 포럼을 통해 우리나라 인문학의 현 위치를 가늠하고, 동시에 인문학을 통하여 우리의 삶이 지구촌 거주민들의

제6회 세계인문학포럼 포스터

삶과 다르지 않다는 현실을 깨닫는 중요한 기회가 되었다.

나는 행사의 PM(Project Manager, 총괄책임자)으로 참여하여 개막식과 기조연설 생방송을 시작으로, 세 번의 주제 강연과 다섯 세션의 25개 주제발표 및 토론, 두 번의 인문학 특강의 진행을 총괄하였다. 이 모든 강연은 실시간 스트리밍으로 유튜브로 송출되었고, 그중 토비아스 블랭크(암스테르담대) 교수의 「빅데이터 현황에 대한 인문학적 고찰」과 이준정 박사(미래탐험연구소)의 「인공지능; 미래 번영을 위한 동반자」는 녹화하여 공중파 방송으로 대구경북 시청자들에게 소개되었다. 이 방송을 통해 대구경북 시청자들이 인문학을 새롭게 만나는 통로가 되고, 유튜브를 통해 인문학에 관심 있는 많은 이들에게 유용한 정보를 제공하였다.

제6회 세계인문학포럼 주제 강연 및 토론

　이번 세계인문학포럼은 동양과 서양, 다양한 종교와 예술, 문화 간의 교류, 세계시민주의와 개별적 국가 사이의 교차와 횡단, 인공지능 시대 인간의 다양한 삶의 방식 등을 함께 고민하고, 갈등을 넘어 공존과 상생으로 나아가는 다양한 방식을 탐색하였다. 참석한 유은혜 교육부 장관이 언급했듯이, 인문학을 통해 우리 인류가 더불어 살아가기 위한 공존과 상생의 의미를 생각해 볼 수 있는 큰 계기가 되었다는 점에서 매우 의미 깊다고 생각한다.

　2020년 11월, 경주에서 3일간 진행된 세계인문학포럼의 대장정을 아무 사고 없이 무사히 마칠 수 있어서 감사하게 생각한다. 다만 아쉬운 점은 코로나 팬데믹 국면으로 인해 이 다채롭고 풍성한 인문학의 향연에 많은 이들이 함께할 수 없었다는 점이다. 온택트의 다양한 방식으로 세계인문학포럼에 접속하는 이들도 많았지만, 주제발표와 토론의 장에 직접 참여하는 데 제약이 있었다는 점이 가장 아쉽다. 언제고 대구경북의 다른 지역에서 세계인문학포럼이 다시 개최되어 모두가 인문학으로 소통하는 그날을 기대해 본다.

경주, 놀이와 문화

서두에서 언급한 바와 같이, 공간에 의미가 더해져서 만들어지는 장소라는 개념은 '특정한 장소에 대한 사람들의 의식적인 애착과 자기동일화를 의미하는 장소감(sense of place)을 통해 만들어가는 과정'이다. 나에게 경주는 놀이와 문화를 매개로 해서 그 장소감이 형성되었다. 경주는 나에게 우정과 사랑과 같은 보편적인 감성을 기반으로 한 놀이터로서 의미가 있다. 내 인생의 한 시절을 수놓은 소중한 감정을 간직한 놀이의 장소가 바로 경주였다. 이후 경주세계문화엑스포와 세계인문학포럼과 같은 문화 행사로 경주를 만나게 되면서, 경주는 귀중한 문화콘텐츠로 내게 다가왔다.

세계문화엑스포와 세계인문학 포럼과 같은 문화 행사를 기획하고 운영하는 일은 인간에 대한 고찰을 기반으로 한다. 내가 생각하는 인간의 근원적인 특성 중에 가장 강조하고 싶은 것은 놀이다. 인간은 놀이를 통해 집단을 이루고 사회를 형성해왔다. 인간의 삶의 양식으로서 문화 또한 놀이하는 인간의 특성과 연결된다고 하겠다. 호모루덴스, 놀이하는 인간에 대한 근원적인 끌림이 문화콘텐츠로서 매우 중요한 부분이라고 생각한다.

문화콘텐츠의 한 영역으로서 인문학도 마찬가지다. 인간에 대한 학문으로서 인문학이 어렵고 따분하다는 인식이 일반적이지만, 인문학은 일반인이 쉽게 이해할 수 있는 방식으로 다가

놀이와 재미가 있는 고전읽기 모임

와야 할 것이다. 예컨대 '놀이'의 방식으로. 바라건대, 앞으로도 나는 대구경북 지역의 문화를 기반으로 다양한 콘텐츠를 생산하는 일을 해나갈 것이다. 그 과정에서 인간의 가장 근원적인 놀이 본능에 집중하면서 그것이 생산해내는 삶의 긍정적인 에너지를 동시대인들이 함께 향유할 수 있게 되길 바란다.

❚ 참고문헌 ❚

1부 산책, 경주를 거닐다
■ 그 많던 아이들은 어디에 있을까
김수영, 이영준 엮음, 『김수영 전집1 시』, 민음사, 1998.
신영복 글·김세현 그림, 『청구회 추억』, 돌베개, 2008.
이경숙, 「황국신민 의식 고취를 위한 집단적 수학여행 문화: 각 교육청
　　　및 학교의 자율적인 학생 체험 프로그램으로 전환 중」 (미발표 글)

■ 남산 자락의 생태인문학 산책
김재웅, 『대구·경북 지역의 설화 연구』, 계명대출판부, 2007.
＿＿＿, 『김시습과 떠나는 조선시대 국토기행』, 역락, 2012.
＿＿＿, 『나무로 읽는 삼국유사』, 마인드큐브, 2019.

2부 흔적, 경주를 기억하다
■ 경주 고선사지 삼층석탑
강우방, 『예술론, 미술과 역사 사이에서』, 열화당, 2004.
박경식, 『한국의 석탑』, 학연문화사, 2008.
한정호, 「감은사지 쌍탑과 고선사지 삼층석탑 비교고찰」, 『석당논총』 48,
　　　2010: 29~53.

■ 배동이의 증명사진을 건네다
김춘실, 「7세기 전반 신라불상양식의 전개와 특징」, 『미술자료』 69, 2001:
　　　1~34.
문명대, 「선방사(배리) 삼존석불입상의 고찰」, 『미술자료』 23, 1978: 1~21.
황수영, 『한국의 불교미술』, 동국역경원, 2005.

■ 금장대: 예기청소와 암각화를 품다

자크 라캉, 맹정현 · 이수련 옮김, 『세미나 11: 정신분석의 네 가지 근본 개념』, 새물결, 2008.

백상현, 『라깡의 정치학: 세미나 11 강해』, 에디투스, 2020.

신상구, 「금장대(金藏臺) 공간의 심상지리(心象地理) 연구」, 『국제어문학』 46, 2020: 209~235.

2차 호주. 뉴질랜드 연수중 아름다운 흔적을 찾아서 (2020.11.26). cafe. daum.net/20centt/3WWF/371?q=예기청소

경주시청. (2021.1.7). https://www.gyeongju.go.kr/tour/page.do?mnu_uid= 2315&

Magritte, René, "Not to Be Reproduced." Wikipedia. (2021.1.21). https://en. wikipedia.org/wiki/Not_to_Be_Reproduced

3부 사유, 경주를 생각하다

■ 동학, 재가녀 아들의 새로운 세상 만들기

『개벽』, 『별건곤』, 『신여성』, 『어린이』, 『천도교회월보』

동학학회 편, 『해월 최시형의 사상과 갑진개화운동』, 도서출판 모시는 사람들, 2003.

류동일, 「방정환 문학의 아동·여성 담론 연구」, 경북대학교 석사학위논문, 2009.

백순제 외 편, 『한국근대사상양서-동양사상자료집2』, 아세아문화사, 1979.

염희경, 「소파 방정환 연구」, 인하대학교 박사학위논문, 2007.

윤석산, 『동학교조 수운 최제우』, 도서출판 모시는 사람들, 2004.

_____ 주해, 『동학경전-동경대전·용담유사』, 동학사, 2009.

■ 천년의 울림, 고향으로서의 경주

권영민, 「시성(詩性) 깃든 김동리 문학의 근원」, 『김동리가 남긴 詩』, 문학사상사, 1998.

김윤식, 『김동리와 그의 시대』, 민음사, 1995.

박목월,『한국대표시인 101인선집 박목월』, 문학사상사, 2007.

서영은,「김동리 안의 경주 또는 무극(無極)」, 권영민 편,『김동리가 남긴 詩』, 문학사상사, 1998.

손병희,「실존 혹은 절벽 위에 핀 꽃」, 구인환 외,『김동리 문학 연구』, 도서 출판 살림, 1995.

윤경렬,『겨레의 땅 부처님 땅: 경주 남산』, 불지사, 1993.

지현배,「동학의 코드와 경주의 콘텐츠-김동리와 박목월의 작품을 중 심으로」,『동학학보』 55, 2020: 161~186.

클로테르 라파이유, 김상철·김정수 옮김,『컬처 코드』, 리더스북, 2007.

"문학관 소개." 동리목월문학관. (2020.8.28). http://dml.gyeongju.go.kr/ ?c=1/9

4부 상상, 경주를 그리다

■ 월성과 경주 읍성, 도시 공간을 설계하다

한기문,「고려시대 경주의 경관구성과 위상」,『대구사학』 132, 2018: 159~196.

주보돈,『신라 왕경의 이해』, 주류성, 2020.

■ 나의 경주 이야기: 놀이터에서 문화콘텐츠로

이-푸 투안, 구동회·심승희 옮김,『공간과 장소』, 대윤, 2007.

김기덕,「콘텐츠의 개념과 인문콘텐츠」,『인문콘텐츠』 창간호, 2003: 5~27.

양근애,「문화콘텐츠 연구의 현황과 극예술 연구의 접점」,『한국극 예술연구』, 2017: 13~42.

경주세계문화엑스포. (2021.1.30). https://www.cultureexpo.or.kr/open. content/ko/

대구경북인문학협동조합

　인문학이 세상을 바꿀 수 있기를 희망합니다. 자본의 속도에 내몰린 인문학의 가치가 새삼 재인식되고 있습니다. 우리는 인문학적 교감을 통해 자아를 재발견하고 세상과 공감할 줄 알며 일상의 행복을 꿈꾸고 있습니다.

　이러한 변화의 시대에 우리는 대구경북인문학협동조합을 만들었습니다. 대구경북인문학협동조합은 우리 사회의 공공선을 실현하기 위하여 '사랑의 힘과 자유의 정신'으로 2014년 9월에 결성한 상호부조의 자율적인 결사체입니다.

　인문학협동조합에서는 인문학 교육사업 및 연구사업을 추진하면서 인문학의 정신적 가치를 창조하고 있습니다. 우리는 인문학이 삶의 가치를 존중하고 세상을 더욱 아름답게 만들 것이라고 생각합니다.

위치: 대구광역시 북구 대현로9길 55-1, 2층
연락처: 053-944-9877
카페: www.inmundaegu.com

꿈꾸는 사과나무
대구경북인문학협동조합

지역인문학시리즈 · 경주편

인문학자들의 헐렁한 수다
인문학, 경주를 이야기하다

1판 1쇄 발행 2021년 3월 1일

지 은 이 | 강미경 권은주 김건우 김임미 김재웅 남철호
　　　　　류동일 서명욱 유명자 이미영 지현배 하수정
펴 낸 이 | 김진수
펴 낸 곳 | 한국문화사
등　　록 | 제1994-9호
주　　소 | 서울시 성동구 아차산로49, 404호
　　　　　(성수동1가, 서울숲코오롱디지털타워3차)
전　　화 | 02-464-7708
팩　　스 | 02-499-0846
이 메 일 | hkm7708@hanmail.net
홈페이지 | http://hph.co.kr

ISBN 979-11-6685-014-1　03300